50代 お金の不安がなくなる副業術

50s A side job that eliminates money worries

大杉 潤
Jun Ohsugi

エムディエヌコーポレーション

はじめに「戦略的副業」のススメ

「日本は〝世界第3位の経済大国〟なのに、どうして、日々普通の暮らしを送るのが大変なのだろう？　将来の生活についてもなぜ、こんなに不安になるのだろう？」。このように考えている会社員は多いと思います。それは、何が起こるか予測のつかないVUCA（Volatility、Uncertainty、Complexity、Ambiguity＝変動が激しく、不確実で、複雑で、曖昧な）時代には、先行きがどうなるか予測ができず、「会社も国の年金制度もあてにできない」と直感的に感じているからでしょう。

それは、「半分正しい」と私は思います。物価が上昇するのに給料は上がらず、絶対に安泰な会社などない状況の中で、人生100年時代となり、定年後の人生が30年以上にもなる現在、人生のすべてを会社に託すことはできません。また日本の公的年金制度は確定した金額を終身で受け取ることができる世界でも極めて優れた制度で、破綻することもあり得ませんが、今後年金を受給する世代は、実質的な（物価変動分を考慮した）金額は徐々に減り、受給を開始する年齢も段階的に引き上げられざるを得ないと私は予測しています。

そういう意味では、「会社も国の年金制度もあてにできない」という直感は正しい見方です。しかし、「でも半分くらいはあてにできますよ」と私は言いたいのです。なぜならば、会社の仕事を誠実に着実に続けてきた会社員なら、1つか2つの専門性が身についているはずで、それを活かした「副業」を始めることによって、日々の生活費をまかなうだけでなく、将来の年金収入では足りない部分を補填することが十分に可能だからです。年金の金額は減ったとしても終身でもらえることは揺るがないため、不足する分を「副業」で稼ぎ続けることができれば、漠然と暗いイメージで捉えていた「老後生活」の風景がかなり変わってきます。

この本では、現在の生活や定年後の将来の生活のお金の不安を払拭できる「副業」について、単に一般論や副業事例を紹介するのではなく、長く稼ぎ続けることができて、ライフワークにもなり得る**「戦略的副業」**を始めるために大切な原則や考え方、実践的な方法を伝えていきます。私の結論は、会社員は「50歳になったら副業で稼ぎなさい！」ということです。一口に「副業」と言っても、さまざまなものがあります。

会社の勤務時間終了後の夜間にアルバイトで稼ぐ副業もあるでしょう。土日に行うWebライティングなどのクライアントワークといった副業もあるでしょう。ただ、私が勧める**「戦略的副業」**というのは、自分の好きな仕事で、専門性が活かせる得意な仕事で、定年後もできるだけ長く続けられる社会に役立つライフワークにつながる副業です。「そんな都合のいい副業などあるのか」とか、「そもそもうちの会社は副業禁止だ」という声も聞こえてきそうですが、大丈夫です。おそらく、一人ひとり違う「副業」になりますが、自分にピッタリの**「戦略的副業」**を始めることはだれにでもできます。私はとくに、50代になって、会社での自分の将来性がある程度見えてきたタイミングで、社内出世よりも「副業」による自分の人生設計に舵を切ることを強く勧めています。経済コラムニストで『定年前、しなくていい5つのこと』(光文社新書)などの著者である大江英樹さんは、50代前半くらいの人を集めて実施するライフプランセミナーに講師として招かれたさい、「みなさん、早く成仏しなさい」と言うそうです。私もまったく同感です。そもそも社長には数年の世代にひとりしかなれませんし、役員ですらなれる可能性の方がずっと低いでしょう。人生100年時代で定年後の長い人生を考えると、早く舵を切ってライフワークの準備を始めた方がずっと幸せな人生になります。

申し遅れましたが、私 大杉潤は33年9か月の会社員生活から57歳で独立起業し、現在はフリーランス8年目になり、研修講師、経営コンサルタント、ビジネス書作家など複数の仕事をしております。もともと新卒で入ったのは日本興業銀行（現みずほフィナンシャルグループ）で、22年間、東京丸の内で大手銀行員をしていました。その後、東京都へ転職して石原慎太郎都知事のもとで新しい銀行（新銀行東京）を立ち上げるプロジェクトの創業メンバーとして4年、国際会議の運営会社に2年、そしてメーカーに5年9か月、会社員として勤務しました。会社員として勤務した4社ともに、当時は就業規則の中に「副業禁止規定」が入っていたために、収入を得る形での副業はできませんでした。しかしながら、独立起業を目指して、無報酬での副業活動をしておりました。その時の経験から、会社員という安定した立場のメリットを活かして「副業」を育てていくという考え方が、本業である会社員としての業務にもプラスになると実感しました。一過性の収入不足を補う活動ではなく、長く続ける**「戦略的副業」**です。

さらに起業してフリーランスになってからは、数多くの定年を控えた50代会社員のキャリア相談を受ける中で、副業を解禁する会社も増えてきて、実際に副業を開始することで人生の選択の幅を広げていく会社員の事例にかなり触れてきました。

また、私自身も起業後は複数の事業を次々に手がけて、「収入源を複数持つこと」の大切さを痛感しており、起業を成功させるコツと副業を成功させるコツには多くの共通点があることがわかってきました。詳しくは、この後本文で説明していきますが、長く稼ぎ続けることができて、将来はライフワークにもなる**「戦略的副業」**というコンセプトは、起業にもつながるし、幸せな人生設計のベースにもなり得るのです。

私は、次の4つの条件を満たす副業を**「戦略的副業」**と呼んでいます。詳しい定義は第1章にて説明しますが、50歳になったらぜひ始めてみることをお勧めします。

1─好きなこと、得意なことを軸に、将来「生きがい」になることを仕事にする

2─人生のミッション（ライフワーク）を定め、逆算（バックキャスティング）で副業を考える

3─世の中の変化に対応し、リスキリングを重ねて、副業を進化させ育てていくと

いう長期的視点で取り組む

４　会社員としての本業にもプラスの効果をもたらすなど、本業と副業の相乗効果が発揮される

とくに3番目は大切です。すぐに稼げる副業は、すぐに稼げなくなる副業でもあります。楽しく育てながらずっと稼ぎ続けられる副業を目指すのです。金額の大きさよりも稼ぎ続ける期間の長さを重視します。月に5万円、あるいは3万円でも、10年、20年以上、やりがいを持って楽しく続けられる副業というコンセプトです。

本書の構成ですが、第1章では、これからの年金制度の将来展望を示し、本格的な格差社会がこれから到来することを明らかにします。そうした中で、会社員にとって副業が唯一の対抗手段になるかもしれません。

第2章では、成功する「副業」は、①物販ビジネス、③賃貸ビジネス、③情報ビジネスの3つに集約されることを示し、まずは入り口の物販ビジネスについてポイントと事例を紹介します。とくに有望な仕組みとして、越境ECの分野で日本のモノを海外へ輸出するビジネスを取り上げます。

第3章では、会社員の信用力を活かせる「賃貸ビジネス」について、王道となる大家業（不動産賃貸業）のポイントや事例を紹介します。副業禁止の会社でも賃貸ビジネスは手がけることが容易だというのがメリットです。

第4章では、副業の本命となる「情報ビジネス」について、その奥深さと将来性を解説します。すべての副業が最終的には「情報ビジネス」に帰結していく傾向があります。また元手がほとんどかからないため粗利が大きいことも特長です。リスクの少ない副業という意味で、「情報ビジネス」は会社員が成功しやすいビジネスなのです。最近の潮流としては、地方創生の動きに合わせて、首都圏副業人材と地方企業とのマッチングや、音声配信から好きなビジネスを伸ばす事例を紹介していきます。

第5章では、副業や節税で得た資金を積立投資で着実に増やしていく戦略について紹介します。自ら目指すライフスタイルを実現しながら手取り収入を増やし、老後資金づくりにも計画的に着手していくことは重要です。さらに、死ぬ直前が最大の資産額になるという日本人の特性を見直す「ゼロで死ぬ」という人生設計を紹介し、そのためには「資産活用」の技術がポイントになることを説明します。

最後の第6章では、副業から「ひとり起業」へ移行する方法を、私自身の経験に加えて、幸せな起業を実現している事例を紹介します。

現在は絶対に安泰な会社は存在しないし、年金収入だけで100%満足できるライフスタイルを送ることも難しい時代になりました。ただ、その分人生の選択肢が多岐にわたる社会になりつつあります。多様性に満ちた社会というのは、格差が拡大する世の中でもあります。ぜひ、50歳になったら**「戦略的副業」**を始めることで、定年後も不安のない人生に踏み出してみませんか。

目次

第2章 成功する副業は3つに集約、まずは「物販ビジネス」

第3章 会社員の信用力を活かせる「賃貸ビジネス」

第4章 副業の本命は「情報ビジネス」

第5章 副業や節税で得た資金を積立投資で着実に増やす

第6章 副業から「ひとり起業」に移行する方法

STAFF
装丁　大場君人
DTP・図版作成　株式会社三協美術
校正　新名哲明
編集　加藤有香

第1章

本格的な格差社会の到来に、「副業」で立ち向かえ！

年金制度の将来展望から見える「70歳まで働く時代」

世の中にある統計データ予測の中で、最も外れることが少ないと言われているのが人口統計です。戦争やパンデミックのような天変地異が起こらない限り、人口予測は大きく外れることがありません。株価、為替、金利やGDP成長率の予測がよく外れるのとは対照的です。そうした中で、日本の人口減少、少子化、高齢化、労働人口の減少がいずれも今後、急加速していくことは確実です。さらにこのトレンドが少なくとも30〜50年単位の長期にわたることも間違いないでしょう。

以上のことから言える日本の年金制度の将来展望のポイントは、次の3点です。

1―年金保険料を負担する労働人口が減少する一方、新たな年金受給者は当面増え続けるため、年金財政が逼迫する

2―人口構成の歪みに対応するために導入された「マクロ経済スライド」という調

整措置により年金受給額は物価上昇率ほど上がらず、実質の年金収入は減少する

3　年金収入の金額が現役時代の平均手取り収入額の何％に相当するかを表す「所得代替率」は、現在の61・7％から50％（現役時代の半分）に下がっていく

日本の年金制度は、これまでも人口構成の変化に対応するために、何度も改定を重ねて複雑な制度になってきた歴史があります。もはや専門家でもすべての制度変更を正確には記憶できないほどです。

これらの3点は、これまでの年金制度改革の過程で公表されてきたものですが、5年に一度の「財政検証」と呼ばれる、年金制度が持続可能かどうかのチェック（健康診断）で今後も制度変更が議論されることになります。ちなみに次回の財政検証は2024年の予定です。厚生労働省は、人口推計や経済成長率などの前提条件ごとに毎回、6パターンの年金財政見通しのシミュレーションを公表しているのですが、現実の実績値は過去に予測した「最悪パターン」に近い数字で推移しているのです。年金財政を持続可能なように改善するには、①保険料水準を引き上げる、②年金支給水準

を引き下げる、③年金支給開始年齢を引き上げる、の3つしか方法がありません。これまでは3つとも総動員して立て直してきたのですが、①、②ともに限界に近づいており、もはや③の年金支給開始年齢の引き上げしか手段がない、と私は予測しています。

具体的には、現在、65歳支給開始となっている年金を段階的に70歳支給開始に移行していくことになるでしょう。さらにそれで止まらずに、中長期的には75歳支給開始も十分にあり得ると私は見ています。実は、現在の厚生年金は、60歳支給開始を65歳支給開始に移行している最終段階にあります。2026年4月以降、ようやく男性は全員が65歳支給になります（女性はその5年後）。現在進行中の移行措置から考えると、おそらく据え置き期間も考慮して16~17年という長い期間をかけて、66歳支給開始、67歳支給開始、……というように移行措置を取り、段階的に70歳支給に向けて進んでいくことになると思われます。

そのように計画しているからこそ、まずは「70歳まで働ける労働環境」を整備するという趣旨で、高年齢者雇用安定法の改正（通称「70歳就業確保法」）を行って、2021年に70歳までの就業機会確保が大企業の努力義務となりました。翌2022年には、年金の繰り下げ受給を70歳までの5年だったものを75歳までの10年とすることを可能にしました。いずれも、年金の70歳受給開始に向けての地ならしと見るのが常識でしょう。

年金が70歳からの受給となると、70歳まで働くのが当たり前の社会になります。そうした長く働き続ける時代に、みなさんはどんな働き方をしたいですか？ 私なら、好きな仕事で長く楽しく働くライフスタイルを目指します。50代から長く続けられる「副業」を始めて、ゆっくり育てていけば、それはだれにでも可能です。

日本の少子化が止められない原因は「出生意欲の低下」だった！

「2022年の出生数は80万人を割り、わずか7年で20％以上減少する危機的な状況だ」と警鐘を鳴らしている話題の本があります。日本総合研究所調査部・上席主任研究員の藤波匠氏が書いた**『なぜ少子化は止められないのか』（日経プレミアシリーズ）**

という本です。これまで日本の少子化が進む原因は、若者のライフスタイルが変化し、晩婚化・非婚化が進んだことが主な原因とされてきました。ところが、2016年以降に出生数の減少スピードは急加速を始めて、年率1%程度だった減少率が年率3・7%にもなっています。そしてその原因は晩婚化・非婚化ではとても説明できないと言います。2000年から15年かけて日本の出生数は20万人減少して100万人となりました。それが、2016年からわずか7年で20万人以上減少して、ついに80万人を割り込む事態となったのです。もちろん、新型コロナ感染症の影響が大きかったことは間違いありませんが、実は感染症が発生する4年も前の2016年から出生数の大幅な減少は始まっていました。

いったいその原因は何だったのか。実は、若い世代の賃金が上がらず、10歳上の世代と比べて、同じ年齢時の年収で比較すると150万円も少ないことがその背景にあることがわかりました。具体的には、著者の藤波氏が属するバブル世代（1963～67年生まれ）に比べて、10歳若い団塊ジュニア世代（1973～77年生まれ）は、40代後半の実質年収が150万円ほど少ない、と同書では分析しています（厚生労働省「賃金構造基本統計調査」および総務省「消費者物価指数」より）。

そして、「子育て世代にとって、年収の150万円という数字は大きな金額です。ここまで下がってくると、やはり結婚相手となる女性の収入は気にかかりますし、たとえ結婚しても、子どもの数を抑えようという発想になっても不思議ではありません」と同書では指摘しています。つまり、「出生意欲の低下」が出生数の低下に大きな影響を与えている、ということです。実際に、早い時期から少子化対策に取り組み、しっかり予算付けをした国々でさえも、経済環境の悪化によって出生率が低下しているフランスやフィンランドの事例もあります。（同書）

ジャーナリストの小林美希氏が2022年11月に出版して話題になった**『年収443万円　安すぎる国の絶望的な生活』（講談社現代新書）**では、平均年収443万円、平均年齢46・9歳という「民間給与実態統計調査」（2021年、国税庁）の公表数字の年齢は、ちょうど就職氷河期世代と重なるそうです。年収の平均は443万円ですが、実は二極化が加速していると言います。正社員の平均年収は508万円、正社員以外は198万円なのです。443万円という平均年収は、2008年のリーマンショック以降、ほとんど上がっていない水準なのに、「そんなにもらっていない」という声が多いのは、正社員以外の働き方をする労働者がどんどん増えて、二極化が加速しているためでしょう。

直近7年間の動向から見ても、日本の少子化、人口減少のトレンドは、とどまるどころかさらに加速する可能性が高く、年金財政はこれまでの予測を超える厳しい状況になっていくのは確実でしょう。日本の平均賃金の低迷は、「失われた20年」「失われた30年」などと言われていますが、それはあくまで「平均賃金」の話。これだけ長期間、平均賃金が上がらないのは先進国では唯一日本だけで大問題なわけですが、実はその間に労働人口の高齢化が進んでいるのです。「労働人口が全体として高齢化しているのに平均賃金が変わらない」というのはどういうことかというと、「同じ年齢の賃金は減少している」ということです。実際に、団塊ジュニア世代は40代後半の実質年収が、10年上のバブル世代に比べて150万円も少ないのです。この数字は驚きでした。40代後半から50代前半という、教育費の負担が最も重くのしかかる大事な時期は、本来は年収が高くなっていくべきタイミングなのです。そのタイミングで「年収が150万円も少ない」というのはとてつもないインパクトで、子どもを持つことを躊躇しても不思議ではありません。そして、実際にその下の世代の行動がそうなったために、2016年から出生数の減少が急加速したのです。

この団塊ジュニア世代がいよいよ50代に入り始めました。今後は名目賃金は上がっていくにしても、果たして物価上昇分を考慮した実質賃金まで上がっていくでしょうか？　そこまで上がるのは難しいと私は予測しています。であれば、もう「副業」によって自らの収入を増やしていくしか対抗策はないのではと思うのです。

60歳以降の働き方は多様化し、格差が拡大する

今は大企業の努力義務にとどまっている「70歳就業確保法」はいずれ、大企業は義務化、中小企業は努力義務に移行していくと見られます。65歳までの雇用が義務化された時には、①定年制廃止、②定年年齢の引き上げ、③再雇用制度導入の3つからの選択制で、大半の企業が定年再雇用制度の導入を選択しました。したがって、60歳以降の働き方は、大半の会社員が1年ごとの再雇用契約で合計5年間、65歳まで非正規社員として働く勤務形態となりました。会社への貢献度や実績、実力に関係なく、再

雇用の条件は定年前の年収から一律に大幅に下がるのが一般的です。当然ながら、実力のある社員ほどモチベーションがダウンし、会社にぶら下がっている社員はますます仕事をせずにぶら下がりを強化する、という結果になりました。

ところが、「70歳就業確保法」が本格的に義務化された場合、60歳以降の会社員の働き方は多様化し格差が拡大する、と私は見ています。業務委託契約などの形で起業を支援したり、社会貢献活動に従事する社員を支援したりすることも含め、会社が60歳以上の社員に提示する雇用条件は多様なものになるでしょう。「70歳就業確保法」では、あえて雇用にはこだわらず、「就業機会を確保する」という表現で、起業支援や社会貢献活動への参加支援を選択肢に盛り込んでいるのです。そうした法改正の趣旨に沿って、多くの大企業が、雇用以外の選択肢も含めて、定年を控えた50代社員に、自らのキャリアを自分で考えて切り拓いていく「キャリア自律」を求め始めています。実際に、私が50代会社員向けに「ライフキャリア研修」や「キャリアデザイン研修」を行っている大企業のほとんどで、60歳以降の社員の選択肢を増やす制度変更に取り組み、すでに実施に移している会社も少なくありません。

これまでの日本企業の新卒一括採用、年功序列賃金、メンバーシップ型のゼネラリスト育成、終身雇用という仕組みが、グローバルな人材獲得競争の中では競争力を持てず、成り立たなくなってきました。とくに自分の専門性やキャリア形成を会社による人事ローテーションに委ねてしまうメンバーシップ型のゼネラリスト養成は、技術革新のスピードが速い現代のビジネス環境では、会社にとっても会社員個人にとっても大きなリスクになっています。

グローバル化のますますの進展など、今の時代の流れでは、欧米のジョブ型で雇用される「スペシャリスト」育成、成果主義の雇用制度が主流になっていくでしょう。欧米やアジア諸国の企業では当たり前のことが、日本企業の会社員にとっては大きな変化であり、とくに40代以上の中高年社員（ミドルシニア）にとっては青天の霹靂といった心境ではないかと思います。日本企業の中でも、歴史の新しいIT系ベンチャー企業の社員や、歴史ある大企業でも30代以下の若い社員の間では、「自分のキャリアは自ら創る」というのが当然という感覚になっています。問題になるのは、40代以上、とりわけ逃げ切りをはかりたい50歳以上の会社員なのです。

私は意識改革が難しい50歳以上の会社員のみなさんに対して、あと10年も経たないうちに、「60歳以降の大きな格差につながる選択の時期が迫っていますよ」と伝えたいのです。では、どうすればよいのか。どうすることが正解なのか。実は、だれにとっても100%の正解という道はありません。一人ひとりが自分のキャリアについて考え抜き、自分にとってよりよい働き方を選んで、自ら変わっていくしかないのです。主導権は会社ではなく自分にある、ということです。

キーワードは「逆算」（バックキャスティング）

2023年のWBC（ワールド・ベースボール・クラシック）で侍ジャパンを指揮して14年ぶりに世界一を奪還した栗山英樹監督が公開した「栗山メモ」には、「逆算」というキーワードが何度も出てきます。侍ジャパンの監督就任が決まった日から、WBC決勝戦当日まで、毎日監督が考えていたことが書きなぐってあるメモ。メモのすべてを整理して詳細に分析したNHKの番組**「プロ野球 マジックの継承者たちⅡ『WBC栗山英樹監督』」**によれば、栗山監督は前半の情報収集、中盤のチーム構成、後半の戦力シミュレーションの3つの時期に分けて、実に綿密な準備を積み重ねて世界一奪還の戦略を練っていたと言います。

情報収集では、歴代のWBC監督経験者、出場選手など、実に多くの人の話を聞きに自ら足を運んでいます。私がとくに印象に残ったのは、長嶋茂雄さんが言ったとされる「日本野球の原点は高校野球だ」という言葉。一度負けたら終わりのトーナメント方式はプロ野球にはありません。日本シリーズでもアメリカのワールドシリーズでもそうです。本命と言われるチームがなかなか勝てないのが高校野球や社会人の都市対抗野球などトーナメント方式のゲームなのです。実は、WBCも準々決勝以降、最後の勝負は「負けたら終わり」のトーナメント方式。そこで、高校野球や都市対抗野球のチーム監督にも栗山監督は足を運んで熱心に話を聞きました。そこで出てきた言葉が「逆算」というキーワード。決勝戦で勝利するイメージをまず固めて、その時の先発投手やメンバー、さらに遡って準決勝での戦い方、さらに遡って準々決勝、……というように逆算して、綿密に戦略を練って戦わなければトーナメント戦を勝ち抜くことはできないと言います。「一戦必勝では、勝ち切れない」という2021年都市対抗野球で優勝した経験を持つ東京ガス・山口太輔監督（当時）からのアドバイスは印象的でした。栗山監督が最初から抱いていたWBC決勝戦のイメージは、「ベースボールを生んだアメリカを現地で倒して世界一を奪還する。そのために決勝戦に必要なのはメジャーの野球を知り尽くしているダルビッシュや大谷翔平など日本人メジャーリーガー」というものでした。現実もその通りになったのだから驚くしかありません。

本当に大きな目標を達成する人は、必ず明確なゴール（目標）を掲げ、そのイメージを明確に持ちながら、現状とのギャップをいかに埋めていくのかという方法、すなわち「戦略」を、逆算で考え抜いてやり遂げるという「戦略的思考」をしています。

話を元に戻して、50歳からの「副業」も同様です。人生の最期まで行う活動、すなわち、ライフワークをゴールにして、「逆算（バックキャスティング）」で考えていくことが大切だと私は考えています。10年、20年かけてライフワークに育てていくことを展望した、自分ならではの「副業」。このように、人生のミッション（自らの社会的使命）というゴールから考える思考法を「戦略的思考」と言います。企業の経営戦略や事業戦略を策定する時に必ず行う思考法です。このバックキャスティングや戦略的思考については、鈴木健二郎著**『「見えない資産」が利益を生む：GAFAMも実**

践する世界基準の知財ミックス』（ポプラ社） および三坂健著『**戦略的思考トレーニング 目標実現力が飛躍的にアップする37問』（PHPビジネス新書）** をご参照ください。

どちらも企業戦略について書かれた本ですが、個人の人生戦略にも応用できる良書です。たかが副業なのに大袈裟ではと思うかもしれませんが、自らすべてを決めることができる「副業」だからこそ、当面の小銭を稼ぐという発想ではなく、本当に好きなことを長く続けるつもりで始めるべきだと私は思うのです。

さらにいえば、最初からうまくいくことはあり得ないので、まず好きなことを始めること、第一歩を踏み出すことが大切だと考えています。では、具体的にどう進めていけばいいのかを見ていくことにしましょう。

人生のミッション（ライフワーク）とは「ＩＫＩＧＡＩ」

では、私が推奨する「**戦略的副業**」について、その定義を改めて説明します。以下の4つの条件をすべて満たす副業を**「戦略的副業」**と定義します。

1 好きなこと、得意なこと、世の中の役に立つこと、収入が得られることの4つが重なるIKIGAI（生きがい）を仕事にする

2 選択肢を多く、時間軸を長く取り、人生のミッション（ライフワーク）から逆算（バックキャスティング）で副業を考える（戦略的思考）

3 世の中の変化に対応し、リスキリングを重ねて、副業を進化させ育てていくという長期的視点で取り組む

4 結果として、会社員としての本業にもプラスの効果をもたらすなど、本業と副業の相乗効果が発揮される

1番目のIKIGAI（生きがい）から説明していきます。次ページにある**図1-1「IKIGAIベン図＝稼げるライフワーク」**をご覧ください。これは、日本人が考案した図らしいのですが、詳細はわかっていません。最初にヨーロッパの知識層の間でブームになってアメリカに伝わりました。「IKIGAI」とローマ字表記にな

図1-1
IKIGAIベン図＝稼げるライフワーク

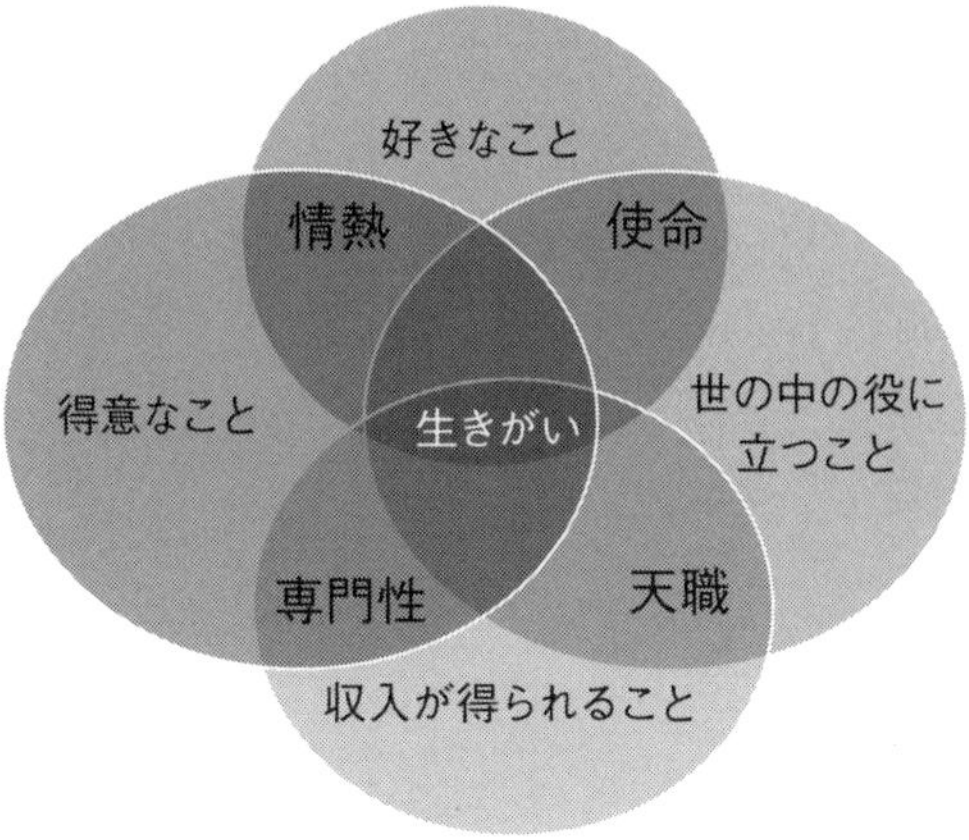

って広がっていったのです。日本にはその後、アメリカから逆輸入されてきたと言われています。

図にある通り、次の4つが重なる部分がIKIGAIです。

1—好きなこと
2—得意なこと
3—世の中の役に立つこと
4—収入が得られること

私自身は幸福学研究の第一人者である星渉《わたる》氏と前野隆司《たかし》教授の共著『**99・9%は幸せの素人**』（**KADOKAWA**）で知りました。実によくできていると感じる図です。「好きなこと」と「得意なこと」が重なるのが「情熱」、「得意なこと」と「収入が得られること」が重なるのが「専門性」、「収入が得られること」と「世の中の役に立つこと」が重なるのが「天職」、そして「世の中の役に立つこと」と「好きなこと」が重なるのが「使命」。まさにその通りだし、4つとも重なる部分が「生きがい」というのも納得感があります。「人生とキャリアの棚卸し」で「好きなこと」「得意なこと」を明確にし、さらに仕事を続ける中で「収入が得られること」を試行錯誤していく。「収入を得る」には、「世の中の役に立つこと」が必須なので、定年ひとり起業をする過程で、私自身がこの2つをさまざまに試しながら見つけていきました。

副業を決めていく出発点として、まずは最終的な「あるべき姿」である自らの人生のミッション（社会的使命）を考えていくのです。ミッションとは、もともとキリスト教に語源があり、「神から与えられた使命」という意味です。日本に「ミッションスクール」と呼ばれる学校が数多くありますが、キリスト教系の学校を意味します。この「ミッション」という用語は、企業が掲げることも多く、その場合は「社会的使命」という意味で使います。自分たちの会社、組織は「なぜ世の中に存在するのか」という「Why」がミッションになります。

私たち一人ひとりの人生に置き換えると、「私はなぜこの世に生まれてきたのか」という社会的使命、生きている意味、になります。

人生のミッションを考える時に、私は幸福学で提唱されている「幸せの4つの因子」から考えることを勧めています。次の4つです（**「図1-2 幸福学が解明した 幸せの4つの因子」**を参照）。

1―やってみよう（自己実現と成長の因子）
2―ありがとう（つながりと感謝の因子）
3―なんとかなる（前向きと楽観の因子）
4―ありのままに（独立とあなたらしさの因子）

この中でとくに2番目の「ありがとう（つながりと感謝の因子）」から、人生のミッションを考えていくことがＩＫＩＧＡＩを見つけていくことにつながります。幸せは自分の心の中にあるものですし、ＩＫＩＧＡＩも自分の中にあるものを見つけていく作業なのです。「自分には、好きなこともやりたいことも生きがいもライフワーク

図1-2
幸福学が解明した幸せの4つの因子

やってみよう 自己実現と成長の因子	夢、目標、強み、成長、自己肯定感
ありがとう つながりと感謝の因子	感謝、利他、許容、承認、信頼、尊敬、自己有用感
なんとかなる 前向きと楽観の因子	前向き、楽観性、自己受容
ありのままに 独立とあなたらしさの因子	独立、自分らしさ

（出典）
前野隆司『実践 ポジティブ心理学 幸せのサイエンス』（PHP新書）および
前野隆司『幸せのメカニズム 実践・幸福学入門』（講談社現代新書）を参照し作図

もとくにない」という会社員は多いのですが、見つかっていないだけです。

この世に生まれてきた意味、存在する価値のない人などいない、と私は思っています。ただ、自分で気がついていない、見つけられていないだけです。見つけるきっかけが「感謝」なのです。

これまでの人生の中で、自分が感謝する人や経験を思い出してみましょう。仕事の面ではいかがですか？　仕事以外の生活面ではどうでしょうか？　私の場合、とくに感謝すべきことは、キャリアのほとんどすべてを作ってきた、年間300冊を40年間多読し続けてきた「ビジネス書」でした。仕事で困ったらビジネス書を読んで解決する。人生の岐路に立って迷ったらビジネス書に教えてもらって、人生の選択をしてきました。そこから導き出した私の人生のミッションは、「ビジネス書の素晴らしさを世界中の人たちに伝えていくこと」。それを自分なりに実践していくために、今も毎日ビジネス書を読んで、その書評をブログに書いて公開しています。時にはYouTube動画や音声配信の「stand.fm（スタンドエフエム）」で配信し、SNSにも投稿して、より多くの人たちにビジネス書の素晴らしさを発信しているのです。

4社目の会社に勤務している会社員だった55歳の時に、無報酬の副業として、私はブログを開設して情報発信を始めました。そしてその2年後に、会社員を卒業して、独立起業してフリーランスになったのですが、最初から現在のような研修講師、経営コンサルタント、ビジネス書作家としての仕事になったわけではありません。副業を少しずつ、世の中で求められるニーズに対応しながら、細かく分けたり組み合わせたり進化させたりしながらビジネスとして立ち上げてきました。ただ、自分のＩＫＩＧＡＩがビジネス書であることを最初に見つけて軸を定めたので、ブレることなく続けられたのです。

戦略的副業は、選択肢の数と時間軸の長さがポイント

「戦略的副業」の定義の2番目は「選択肢の数は多く、時間軸は長く」です。50歳から始める「副業」は、人生で目指す最後のライフスタイルである「ライフワーク」から逆算する戦略的思考で考えるので、「戦略的副業」と私は呼んでいます。次ページの**「図1-3 戦略的思考の2つの「軸」:選択肢と時間」**をご覧ください。「戦略的」の反対語は「短絡的」で、副業ではなぜか短絡的に考える人が大半なのです。

短絡的には2つの意味があって、1つは、たまたま思い付いた1つの選択肢に飛びついてしまうこと。もう1つは、短期間で結果を求めてしまうこと。確かに、時間を切り売りすればすぐに確実な収入が得られる副業が世の中にはたくさんあります。なので、当面の不足資金を稼ぐ副業として、短絡的思考で副業を選ぶ人が多いのはやむを得ないかもしれません。しかし、そうした副業は果たして持続可能でしょうか?たとえば、年齢を重ねて体力が落ちた時には続けられない仕事だったり、近い将来、

図1-3
戦略的思考の２つの「軸」：選択肢と時間

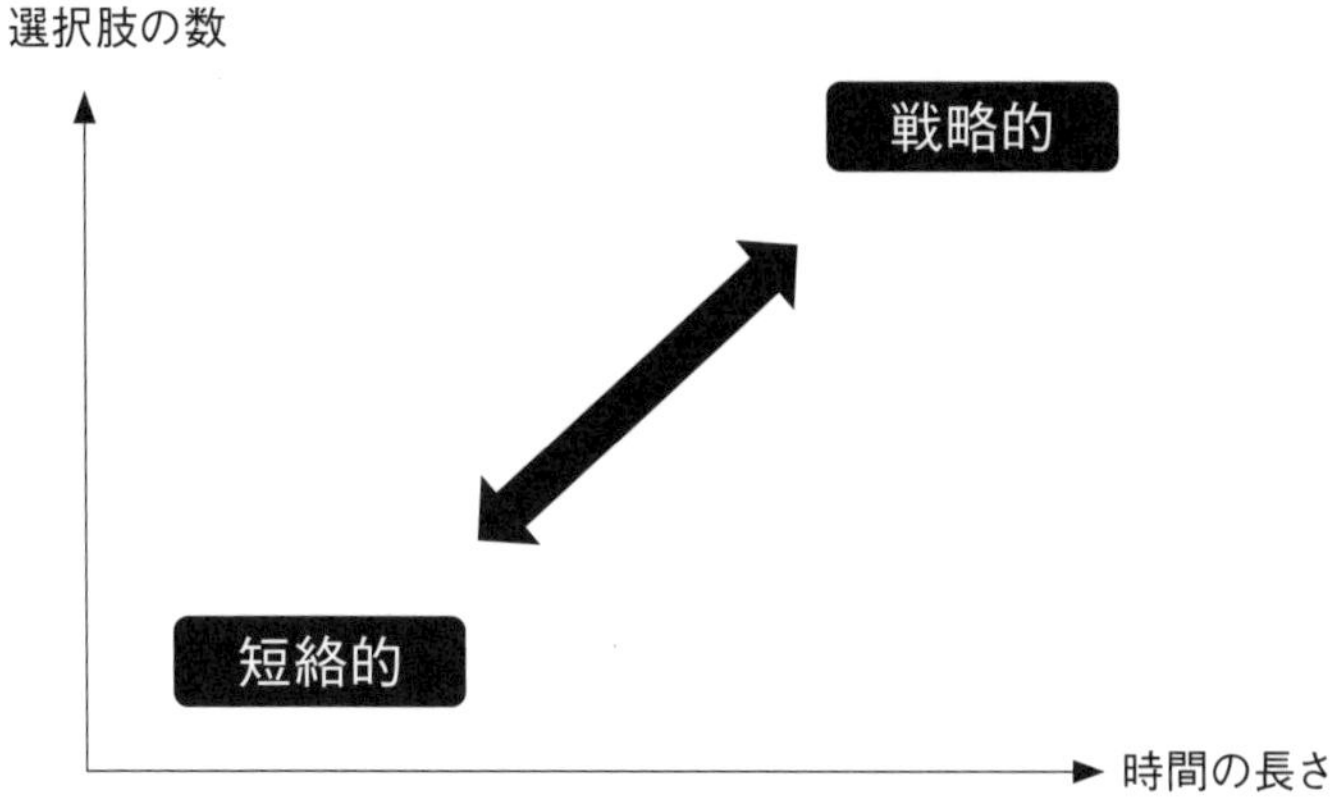

移民労働者やＡＩに取って代わられてしまう仕事だったりします。簡単に稼げる副業とは、実は簡単に稼げなくなる副業でもあるのです。

それとは反対に、選択肢の数を多くして副業とする仕事を考え抜いて決め、かつ中長期という時間軸で収入を上げ続ける思考法で育てていくのが「戦略的副業」です。つまり、選択肢の数は多く、時間軸は長く、というのがポイントです。

では、なぜ選択肢の数が多いと戦略的になるのでしょうか。私の言う選択肢とは、これまでの会社員として身につけてきた知識、経験、スキル、人脈、専門性といった武器のことです。これをひとくくりにして、「自分は営業しかできない」とか「経理業務の経験しかない」で済ませてしまう人は戦略的に思考することはできません。もっと細かく分解して、選択肢を増やし、自分ならではの特徴、強みにまで整理・深掘りして、場合によってはそれらを組み合わせることによってほかの人にはない「独自性」（オリジナリティ）までを考え抜くのです。フリーランス成功実現アドバイザーの中山マコト氏は、著書**『一生食いっぱぐれない 50代から自分を生かす頭のいい副業術』（青春新書）**の中で、「自分ならではの持ち味」を存分に活かした「頭のいい副業」を勧めています。自分の経験を組み合わせたり、マーケットを絞り込んだりしながら、オンリーワンの肩書・名前で副業を考え出して無理なく進めていくというものです。私の考え方もほぼ同じで、副業のカタチは人それぞれであり、新しく創っていくもの、時間をかけて育てていくものだと思っています。

さらに、世の中で今求められているニーズとしてどんなことが新たに出てきているのかを考え合わせて、自分に足りないものがあれば、それを補うリスキリングに挑戦します。そうして少しずつ、副業を進化させ、育てていくのです。だからどうしても時間軸は長く取ることになります。

一方、すぐに副業の結果は出ないかもしれませんが、ある程度考え抜いたら、まず始めることも大事なコツです。実際に始めてみなければ、世の中でどんなことが求められているのか、自分には何が足りないのかが、頭で考えているだけではいつまでたってもわからないからです。まずは副業を始めて、走りながら考えて修正していく。PDCAをできる限り高速で回して副業を進化させた方が成功に近づきます。

こうして長く取り組みながら進化させ、育てていく「戦略的副業」は、好きな仕事であることも大切な条件です。だから最初にゴールである「ライフワーク」を定め、そこへつなげていくための仕事というバックキャスティングの発想で、副業を決めていくのです。ライフワークと考える仕事は一人ひとり違いますし、そこに至るロードマップも100人いれば100通りのルートがあるでしょう。つまり、副業のカタチは一人ひとり違うオリジナルなものになっていくのが理想です。なお、「選択肢(論点)は多く、時間軸は長く」という「戦略的意思決定」については、荒木博行著『**藁を手に旅に出よう〝伝説の人事部長〟による「働き方」の教室**』**(文藝春秋)**でわかりやすく解説されています。興味のある方はぜひ一読をお勧めします。

もう1つ重要なポイントは本業との関係になります。私が勧めるのは、本業の支障になるような無理は決してしないこと、むしろ本業との相乗効果が出る副業とすることです。実際に副業で成功している人は本業にもいい影響が出て、相乗効果を発揮しているケースが多いのです。会社員としての本業という安定収入があってこそ、急いで副業で結果を出さなくても時間をかけて副業を進化させていけるわけです。そうした恵まれた環境を自ら壊すリスクを冒してはなりません。心の奥底では、遠大なライフワークというビジョンを描きながらも、表面上は結果が出なくてもいいから好きな仕事を副業としていろいろ試している、という形で気軽にトライしてみるのです。そのくらいの余裕を心に持った取り組みの副業の方がいいアイデアも浮かんで成功する可能性が高いでしょう。

戦略的副業は、長期的な視点で取り組む

「戦略的副業」定義の3番目は「リスキリングを重ねて副業を育てていくこと」です。

今は先行きが予測できない社会であり、技術革新のスピードも速いため、つねに世の中のニーズ変化に合わせて副業のカタチも進化させていく必要があります。同じビジネスモデルで稼ぐことのできる期間はどんどん短くなっています。大切なことは、100%の準備や確信ができる前であっても、7割方行けると思えば、とにかく行動してみることです。やってみなければ世の中で求められていることもわからないからです。

副業をやりたいと思っているのに、何をすればいいのか決断ができず、第一歩を踏み出せない人の特徴は、最初からうまくいくようにと頭で考えてばかりいることです。完璧に計画を立て、準備をしてからスタートしようという意識では、いつまでたっても副業をスタートさせられないでしょう。リスクを考えることは大切ですが、致命的なリスクでない限り、ある程度思い通りにいかないことはあるものだという割り切りも必要なのです。試行錯誤を積み重ねながら、時間をかけて副業の内容を固めて、稼ぐフェーズに立ち上げていくという意識が大切で、まずは動き出すことにフォーカスするのです。最初からうまくいくことはむしろ稀です。

そうは言っても、「うまくいかないと落ち込んでしまうし、何から始めていいかがわからない場合、どのように副業を始めたらいいのでしょうか？」という質問を多くの会社員から受けます。私の答えやアドバイスは毎回同じで、次の2点だけを守って、あとはとにかく始めること。

・やっていて楽しい「好きなこと」を副業にすること
・致命的な失敗をしないために、最初から大きな投資をしないこと

好きなことであれば、なかなか結果が出なくても楽しく続けることができます。これは独立起業する場合とまったく同じで、ある程度の期間、続けていかないと結果は出ないものなのです。私の経験でも、あるいは私の起業家仲間や副業に成功した友人たちのケースでも同じなのですが、だいたい3年目くらいからビジネスが立ち上がってきて、4年目に一気に伸びるというパターンが多い。私自身もまさにそのようなタイミングでした。

副業の期間は会社員として本業の収入があるので、起業よりも心穏やかにじっくりと取り組めます。なぜ3年目から結果が出始めるかといえば、理由は2つあると私は

捉えています。1つは、副業を実際に始めてみることで、対象となるお客さま（クライアント）が何を求めているかという本質的なニーズがわかってくること。最初からこれを的中させられる人はまずいません。当たっていたとしても、お客さまのニーズは日々、変わっていきます。立ち上げ時からコンビニエンスストア業界のトップ企業をずっと牽引してきた経営者の鈴木敏文・セブン-イレブン元会長は、「われわれのライバルはローソン、ファミリーマートなどほかのコンビニ大手ではない。つねに変化し続けるお客さまのニーズだ」とセブン-イレブン社内の幹部に言い続けていたそうです。これがビジネスの本質です。

3年目に結果が出始めるもう1つの理由は、「自分はこんな副業をしていますよ」という情報発信が広がることで、本当に求めている人に届き始めるということ。今はインターネットでの情報発信により低コストでの発信が可能になりましたが、情報過多なので見つけてもらえるまでには時間がかかります。ただ、時間はかかるけど、発信を継続していれば、少しずつ見つけてもらえるようになるのです。ほとんどの人たちは、2年も続けているのに効果が出ないと、途中で情報発信をやめてしまいます。また副業そのものをやめたり、ほかの副業に変えたりしてしまうのです。だからこそ、

2年以上続けている人は徐々に目立ってきます。そこからが本当の勝負なのです。60歳で日本生命保険を定年退職してライフネット生命を起業し、社長・会長を務めた後、現在はAPU（立命館アジア太平洋大学）学長の出口治明氏が、「人間はみんなチョボチョボ」と多くの著書で書いていて、要するに「大して能力に差がない」ということです。ではどこで差が出るのか？　それは「自分のアタマで考えるかどうか」だと。私もまったく同感です。会社員として20年以上真面目に働いてきたミドルシニアの人に能力差はほとんどありません。自分のアタマで自分ならではのオリジナルな「戦略的副業」を考えて発信し続けること。2年間結果が出ていなくても情報発信の試行錯誤を続けていけるかどうかだけが分かれ道になる、と私は考えています。

では、どうすれば発信を続けていけるのか？「やっていて楽しい好きなこと」を副業にするのです。それが継続させるための唯一最大の秘訣だと私は思います。私が55歳で始めたビジネス書の書評ブログは、2年間で800記事以上を公開してきましたが、ほとんどだれにも読まれず、反響もほぼありませんでした。でも、好きなビジネス書は相変わらず毎日読んでいましたし、内容を忘れないように、その要点をブログに書いていくことも楽しかったので、毎日継続させることができました。好きなこと、楽しいことの副業候補は、ぜひ数多くの選択肢の中から、あなた自身が考え抜いてください。そして長期的視点で取り組むことです。私のブログは、2023年9月29日に開設からちょうど10周年を迎えました。1年や2年で達成できたことはほんのわずかでしたが、10年継続して3200冊以上の書評記事となって得られた成果は、まったく想像もできないくらい大きなものとなりました。

副業を始める時に守るべき点の2点目「最初から大きな投資をしない」ですが、これも起業のノウハウと同じです。致命的な失敗をしてしまうと続けていけなくなってしまい、結果が出る前に撤退を余儀なくされるため。お金がなくなってくると心に余裕がなくなり、いいアイデアも浮かびません。楽しく心穏やかに続けるから、さまざまな気づきや工夫によってビジネスモデルを修正しながら結果を出せるようになっていくものなのです。

副業は本業とともに伸ばすべきもの

本業との相乗効果を上げていくのが「戦略的副業」定義の4番目です。この最後の定義は、うまくいっている副業は結果的に本業にもプラスになっているケースが多い、ということから加えました。なぜそうなるのかという理由について、私の解釈では次の2点ではないかと考えています。

第一に、そもそも本業で培った知識・経験・スキル・ノウハウなどの専門性とかけ離れた仕事ではなく、活かせる副業を行う人がうまくいくからです。本業と正面から競合するような仕事はそもそもご法度ですが、ある程度関連する仕事なら相乗効果を発揮することが多いものです。それぞれの仕事からヒントが得られて、もう一方の仕事にも活かすことができます。

第二の理由は、本業に支障をきたすような無理をして副業に取り組むのではなく、ゆっくり時間をかけて、長期的な視野で副業に取り組む人がうまくいくためです。時間配分の面でもそうですし、そもそも本業とまったく関係のない分野で副業に取り組むと、切り替えるたびに思考が中断して、エンジンがかかるまでに時間がかかってしまいます。それよりも、普段から本業と副業を行ったり来たりしながらアイデアを考えられる環境の方がどちらもうまくいくのではないかと推測しています。

以上の理由から、私は「戦略的副業」として、本業に支障をきたすような時間配分やペースで副業に取り組むことは勧めませんし、本業での専門性を一切使わない副業もあまりうまくいくとは思いません。最初から相乗効果を考える必要はないと思いますが、結果的に本業にも副業にも相互にプラスになるような取り組みが、うまくいく秘訣であると考えています。では、次の章からは、具体的にどんなカテゴリーの副業が成功しやすいのかということを具体的にお話ししていきましょう。

Chap.1 Point

◎日本の少子化は加速しており、年金財政はますます悪化する見込みのため、年金支給開始年齢は段階的に70歳に移行し、間もなく「70歳まで働く時代」になる

◎70歳までの就業確保が大企業は義務化、中小企業も努力義務となり、60歳以降の働き方は多様化すると同時に、格差が拡大する

◎60歳以降の格差拡大の時代は50歳からの「戦略的副業」で乗り切る

◎戦略的副業とは、①IKIGAI（生きがい）を仕事にする、②選択肢の数を多く時間軸を長く、③長期的視点で取り組む、④本業と相乗効果、の4点を満たす副業

◎人生のミッションとは、ＩＫＩＧＡＩベン図の通り、「好きなこと」「得意なこと」「収入が得られること」「世の中の役に立つこと」の４つが重なる「ＩＫＩＧＡＩ（生きがい）」であり、戦略的副業を考える出発点とする

第2章

成功する副業は3つに集約、まずは「物販ビジネス」

成功する副業のカテゴリーは限られている

第1章では、一人ひとりが多くの選択肢の中から自分のアタマで考え抜くことで自分だけの「戦略的副業」を決めて、時間をかけて育てていくことを説明しました。したがって、成功する副業の中味はそれぞれ違います。ただし、リスクなく始められて、長く続けていける「戦略的副業」の候補というのは、次の3つに集約されます。

1 一物販ビジネス
2 一賃貸ビジネス
3 一情報ビジネス

実は、この3カテゴリーに整理したのは、坂下仁氏が書いた『**40代からは「稼ぎ口」を2つにしなさい**』**（ダイヤモンド社）**に掲載されている副業の分析結果に共感したからです。坂下氏は『**いますぐ妻を社長にしなさい**』『**とにかく妻を社長にしなさい**』（**サンマーク出版**）の著者で、その中で提唱している「妻社長メソッド」について、セミナーを通じて広めることで、多くの会社員が副業に踏み出したり、独立起業を果たしたりしてきました。

私もこの2冊を続けて読んで影響を受け、2015年に妻が社長のファミリーカンパニー・合同会社ノマド&ブランディングを設立して起業したのです。坂下氏はそのころから影響を受けているビジネス書作家ですが、その後もセミナーやセミナー受講者のコミュニティを進化させ、2018年に「お金のソムリエ協会」を立ち上げて、多くの会社員が夫婦で「お金のソムリエメソッド」を学び、今もその受講者が増え続けています。

会社員としての本業を持ちながら、夫婦で協力して副業を開始して、やがて本業の収入を上回ることになったら独立起業するというのが、成功する受講者のパターン。その数多くの成功者夫婦の副業内容を分析し、整理分類して得た結論が、前出の3つのカテゴリーの副業ということです（詳細は、前掲『**40代からは「稼ぎ口」を2つにしなさい**』を参照）。

実際に、私がキャリア相談を受けてきた50代会社員、公務員の方々で、副業で成功している方も、①物販ビジネス、②賃貸ビジネス、③情報ビジネスの3つのカテゴリーに集約されています。この3つのカテゴリーのうち、どれが自分に向いている副業なのかは、それぞれの人の個性によります。だれにでも得意・不得意や好き・嫌いがあるように、副業のカテゴリーにも向き・不向きがあります。一般的には、物販ビジネスか賃貸ビジネスが始めやすいと言われていますが、私はどちらも苦手で、とくに物販（その中の配送業務）は向いていません。逆に、取り掛かるのが難しいと言われる情報ビジネスはどんどんアイデアが湧いてきます。発想すること自体が大好きなのです。こういうのを、向き・不向きというのでしょう。

読者のみなさんは3つのカテゴリーのうち、どれが自分に向いているとお考えでしょうか？　これから順番に、各ビジネスの内容、特徴、メリット・デメリットなどのポイントを解説し、今後とくに有望な副業になると見込まれる事例を、インタビューを交えて紹介していきます。まず本章では、物販ビジネスを取り上げます。第3章では賃貸ビジネス、第4章では情報ビジネスについて説明していくことにします。

副業の入り口として着手しやすいのは、物販ビジネス、次いで賃貸ビジネスと言われているのですが、このどちらのビジネスもいずれ情報ビジネスに帰結する、と言われています。最終的には、物販も賃貸も成功した際には、そのノウハウを情報ビジネスとして売っていく方が利益を大きく得られるためです。

物販ビジネスの入り口は、ヤフオク!・メルカリから「せどり」へ

ヤフオク!やメルカリで自宅にある不要なものをネットで売って小銭を稼ぐ方法は、かなり以前から実践している方が多いのではないでしょうか？　中古品の使用に抵抗のない人は売る方も買う方も手掛けていて、回数をこなす人ほど勘所をつかめて売買のスキルもアップしていきます。家庭内の不要品を売る分には原価がかからないのでリスクはほとんどありませんが、それだけでは、いずれ売るものが尽きてしまってビジネスになりません。どこかで安く仕入れて在庫として抱え、タイミングをずらしたりプラットフォームを変えたりして仕入れ値より高く売る「せどり」にチャレンジす

ることになります。

「せどり」というビジネスを行っている人はみなさんが想像しているよりかなり多いのではないかと思います。Amazonの中古品販売やメルカリがここまで伸びてきているのはインターネット販売の普及とともに、情報収集や売買のコストがどんどん下がっていったことが背景にあります。売買される商品の種類はそれこそ無数にあるため、自分の得意分野を定めて繰り返しプレーヤーとしてマーケットに居続けることが最大のポイントでしょう。写真の撮り方やネットでのコミュニケーションの取り方が重要という成功者の言葉もよく聞きます。

「せどり」の本質について自らの体験を克明に記した『**さよなら、赤信号**』というペーパーバックがお勧めです。もともと電子書籍のKindleにて出版されて、160を超えるレビュー投稿を集めるほど人気で、2023年にペーパーバック化されました。1984年生まれのライター、せどらー、アフィリエイター、マーケッター、講師業などをしているフリーランスのラッタ氏が、ブラック企業でうつ病になり、「せどり」に出会って人生を変え、自殺寸前から救われた壮絶な体験を描いています。「音楽が心のビタミン」と自らプロフィールで書くほど音楽が好きだったことから、「CDのせどり」という得意分野から始めて、物販ビジネスを軌道に乗せてきました。

　こうした体験をしてきたからこそ、「人生を諦め切れず足掻き続ける人が態勢を立て直すまでの止まり木になりたい」という想いを持って、彼の人生のミッションは、「ひとりでも多くの、自殺志願者を引き受けたい」ということ。具体的には、「せどり」や副業を人に教えることをライフワークにして活動しています。ラッタ氏の現在の本業（「自分の収益を目的とするライフワーク」と表現）は、ライター業。とくに、セールスレターを得意としています。ただし、人に教えるからには、自分自身も「せどり」の現役プレーヤーでなければいけない、という信念があって、今も「せどらー」として活動しています。自分でお金を稼ぐスキルさえ身につけられれば、人は自殺以外の「人生における逆境との向き合い方」を見出せる、というのがラッタ氏の持論です。「正論だけじゃ人は救えない。寄り添ってくれたから立ち直れた」という自らの体験をもとに、「お金の稼ぎ方を伝える活動として、やりたいことが山積み」と述べています。

「せどり」という物販ビジネスからスタートしたラッタ氏ですが、「せどり」に関する情報発信を始めてから3年後、ライターとしてのキャリアを積み、現在は「情報ビジネス」がメインになっています。物販ビジネスも現役プレーヤーとして継続させながらも、そのノウハウを人に教える、伝える仕事である「情報ビジネス」に帰結しているのです。

円安の進行で有望な「越境EC」

私が物販ビジネスの中で、今後最も有望だと考えているのが「越境ＥＣ」というビジネス・ジャンルです。とくに日本のモノを世界中の消費者にインターネット販売する個人輸出のビジネスです。自動車産業を代表とする日本の輸出産業は現在、空前の高収益を上げています。輸出業務のほとんどは米ドル決済ですが、円安が進行するほど円建ての受取額が大きくなり、利益が膨らむからです。ドル・円の為替レートが１40~１５０円という水準（２０２３年８月現在）にまで円安になったことが大きなポイントですが、日本から海外への越境ＥＣ（輸出業務）が今後有望な理由として、次の3点が挙げられます。

1―日本には価値があるのに海外には知られていないモノが数多くあり、感染症の終息で日本へのインバウンドが復活しつつある中で、改めて日本の高品質な商品に対する人気が高まっている

2―現在の円安水準だと、日本の商品は海外の消費者にとって極端に安く感じて、配送料を負担しても欲しいものがたくさんある

3―日本人は英語に苦手意識を持つ人が多く、英語で出品する越境ECサイトでは売り手のライバルが少なく、買い手は世界中に広がっているので売りやすい

14年間勤めた特許庁を退職し、eBay輸出をスタートして成功、現在はイーベイジャパン公認パートナーで、eBay輸出のオンラインスクール「プラスポート物販部」を主宰する荒井智代氏が書いた**『1日30分からはじめるはじめてのeBay』（自由国民社）**という本があり、現在は第2版が刊行されています。荒井氏はもともと調べることと、リサーチすることが好きで、特許庁の仕事も調査がメインになるので向いていた

と言います。
eBay輸出の業務も、基本的には世界的な越境ECプラットフォームであるeBayの中で、どんな商品がいくらで売れているのかを丁寧に調べて、売れている出品の真似をすることが成功の秘訣だと言います。日本の商品では、フィルムカメラの人気が昔から高く、荒井氏も専門のスクールで学び、日本のカメラ輸出からスタートしました。

国内のヤフオクやメルカリと比べると、英語の壁を感じる人が多く、購入してくれた外国人とも英語でコミュニケーションを取ることになるので不安を感じて踏み出せない人が多いそうです。ただ、小さな成功体験として、1回1000円から2000円くらいの利益を繰り返して、実績を積み重ねていくことで、だんだんと自信がついてきて、どういうものをいくらで売っていけば利益が大きく取れるのかが自然と身についていくと言います。越境ECで使う英語は決まっていて、価格や商品の状態、配送に関することくらいしかありません。基本的には、商品については詳しいマニアが買ってくれるので、詳細な商品説明などは不要だそうです。代金の決済もeBayが間に入って行うため、取りっぱぐれるリスクはありません。

荒井氏も、現役のeBay輸出プレーヤーとして活動していますが、「プラスポート物販部」というeBay輸出スクールを主宰して、教える、伝えるという「情報ビジネス」を展開しています。荒井氏自身は公務員で副業禁止だったため、公務員を退職してからeBay輸出を始めましたが、スクールの生徒はほとんどが会社員の副業として手掛けているそうです。「どんな生徒が副業で成功するのか」を荒井氏に聞いたところ、次の3点が共通点だという答えが返ってきました。

1 とにかく続ける
2 小さいことを積み重ねる
3 全部自分でやることが苦ではない

小さな行動をコツコツと積み重ね、継続することができる人ということです。また、人との関わりよりもひとりでコツコツと作業をすることを好む人という人物像が浮かび上がってきました。

話を聞いていて私が大切だと思ったポイントは、「好きなこと」を仕事のベースにしていることです。荒井氏の場合は、とにかく「調べること、リサーチすること」が好きだったと言います。たとえば、趣味の旅行に関しては、旅行会社に行ってパンフレットを集めまくり、すべてのプランを調べて比較し尽くしてから最も良いプランに決める。友人や親せきと一緒に行く旅行では自然と自分が幹事役になって旅行プランを組み立てるそうです。レストランで外食する際も、お店を徹底的に調べてから決める。「調べることが好きというより調べないと気が済まないタイプ」だとか。

好きな仕事を副業にするから行動できる

副業というのは、やらなければやらないで済んでしまうし、本業の会社員で食べていくことはできるため極端に困ることがありません。そういう位置づけの活動なので、副業をやりたいという思いはあってもなかなか行動に移せない会社員が多いのです。そうした中で、できるだけ行動するハードルを下げるコツが、好きな仕事を副業にすることなのです。では、好きな趣味をやり続けて副業にすればいいかというと、そう単純なものではありません。

私が勧めるのは、選択肢の数を多くリストアップして、それらを組み合わせていくことです。そして、試行錯誤しながら組み合わせを工夫していくこと自体を楽しむのです。そのために、すぐに結果を出そうとするのではなく、しっかり時間をかけて考え抜いた上で、副業のカタチを創っていく。前章でも説明した通り、「選択肢は多く、時間軸は長く」の原則で、戦略的思考をすることが大切です。

もう1つのポイントは、現在の会社での本業に必要とされている要素（知識・スキル・ノウハウなど）を組み合わせの1つとして活用すること。会社員として勤務しながら立ち上げる副業なので、せっかくなら思考が分断されないよう本業の延長線上で発想できる要素を使った方が効果的です。そして、うまく副業が立ち上がって軌道に乗ってくると、必ず本業にもいい影響が出て、相乗効果を発揮できることになります。荒井氏の場合も、特許庁で先行特許がないかをチェックするリサーチ力を、退職後のeBay輸出の仕事でも活用しています。

よく質問を受けるのでお話ししておきたいのですが、結果的にうまくいっている副業も最初から完成形になっていた人は少ないということです。成功している副業の事例だけを見て、「自分にはとても同じことはできない」と感じる会社員が多いのですが、当たり前です。最初から答えが見えているビジネスというのは今の時代はほとんどなく、小さな失敗を繰り返すことで学び、修正を繰り返してようやく消費者のニーズがわかってお金を稼ぐレベルになっていくというのが普通です。そしてその副業のカタチも人それぞれで、一見同じように見える副業でも、細かく見ていくとマネタイズのポイントは一人ひとり違っているものなのです。

副業のカタチを試行錯誤しながら続けていくことができるかどうかは、やはり活動自体を楽しめるかどうか、考えることが楽しいかどうかがポイントでしょう。「好きな仕事」というのはその点でとても大事なのです。また、長期的には副業をライフワークにまで育てることを展望すれば、「好きな仕事以外は副業の選択肢から外す」くらいのつもりで取り組むべきだと私は思います。

オンリーワンの副業を目指す

物販ビジネスはだれにでも取り組むことができるし、差別化することは難しいというのが一般的な見方ですが、私はあえて「オンリーワンの副業」を目指すべきだと勧めています。もちろん、物販というビジネスモデルの根幹は共通ですが、取扱商品の対象範囲、ターゲットとする顧客の属性、その他情報発信やコミュニケーションの取り方などほかの人と差別化した副業のカタチは無数にあります。

オンリーワンのビジネスを作り上げる手法として、私はリクルート出身で民間人初の公立中学校校長となった藤原和博氏が提唱する「クレジットの三角形理論」を推奨しています。これは、100人にひとりの希少性を有する専門性を3つ組み合わせることで、100万人にひとりの希少性を獲得するという理論で、再現性があります。100分の1×100分の1×100分の1という形で3つの専門性を掛け合わせると、100万人にひとりというオンリーワンの存在になれるのです。2022年に生まれた子どもは80万人を割り込んでしまいましたので、100万人にひとりということは同年齢でたったひとりの「オンリーワンの存在」になる、ということです。

藤原氏自身は、①リクルート流のプレゼン・営業力、②リクルート流マネジメント、③教育改革実践という3つの専門性を組み合わせてオンリーワンの存在として仕事を次々に創り出しています（**「図2-1　藤原和博氏の3つの専門性の組み合わせ」**を参照）。

藤原氏によれば、1つの専門性だけで100万人にひとりの存在になるには、才能に加えて努力と運が必要で、オリンピックのメダリスト級の難しさだと述べています。しかしながら、異なる3つの専門性を組み合わせて100万人にひとりの存在になることはそれほど難しいことではないと言います。さらに詳しい内容を知りたい方は、藤原和博著**『100万人に1人の存在になる方法』（ダイヤモンド社）**をお読みください。

私自身も8年前に独立起業をする前の準備として、この「クレジットの三角形理論」を実践しようと試行錯誤を何度も行ってきました。会社員時代に行った無報酬の副業ではなかなか形にならず、起業した後も失敗したことやなかなか結果が出なかったことも数多くあります。起業して3年目の2018年ごろから少しずつ3つの専門性が

図2-1
藤原和博氏の3つの専門性の組み合わせ

藤原和博の「クレジットの三角形」理論

1/100×1/100×1/100＝1/1,000,000⇒　100万人にひとりの「希少性」

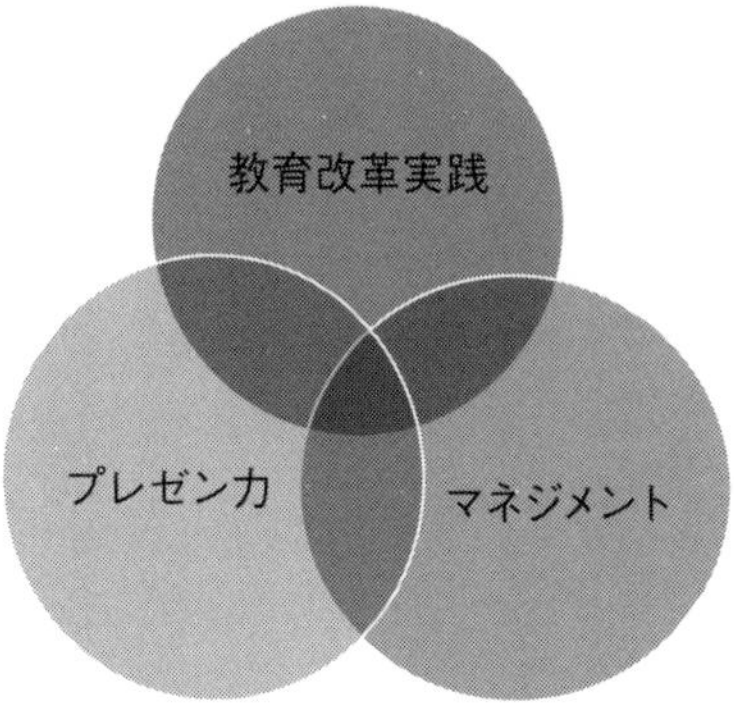

①プレゼン力：リクルート営業
②マネジメント：リクルート流管理手法
③教育改革実践：民間人初の校長
⇒ 和田中、大阪府、一条高校

2つの専門性を組み合わせて土台に
⇒ 3つ目は、かけ離れた専門性に

コンセプトとして整理できるようになり、今では**「図2-2 大杉潤の3つの専門性の組み合わせ」**にある通り、①ビジネス書、②財務戦略、③多彩な発信力の3つの専門性を組み合わせて、オンリーワンの存在としてビジネスを展開できるようになりました。

1番目の「ビジネス書」は、新入社員のころから年間300冊のビジネス書を読んで、その中身を実践するという趣味を今では40年継続していて、累計1万2000冊のビジネス書を多読するくらい好きだという専門性です。

2番目の「財務戦略」は、簡単に言うと、企業の決算書（PLやBS）を

図2-2
大杉潤の3つの専門性の組み合わせ

藤原和博の「クレジットの三角形」理論

1/100×1/100×1/100=1/1,000,000⇒　100万人にひとりの「希少性」

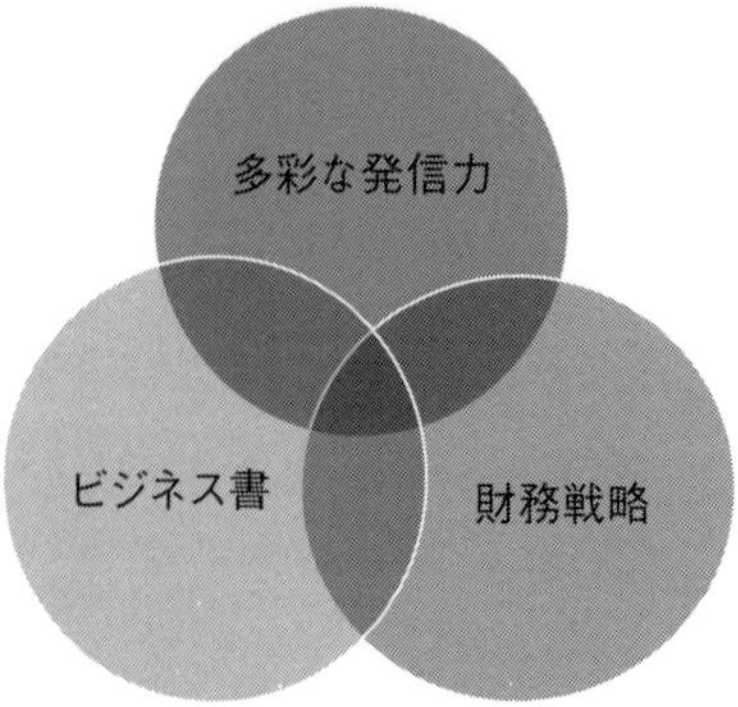

①ビジネス書：多読＆実践が趣味
②財務戦略：銀行員のスキル
③発信力：ブログ、SNS、執筆、YouTube
音声配信
⇒ 研修、講演、ラジオ出演

2つの専門性を組み合わせて土台に
⇒ 3つ目は、かけ離れた専門性に

読み解いて経営者にアドバイスする能力で、銀行員ならだれでも持っている100人にひとりくらいの専門性です。この1番目と2番目の組み合わせだけだと、100分の1×100分の1で、1万人にひとりはいる存在なのでなかなかフリーで食べていくことはできません。確かにビジネス書にものすごく詳しい銀行員は1万人にひとりくらいはいるでしょう。

　3番目の専門性が最大のポイントで、できるだけ1番目、2番目からかけ離れた遠いところに専門性を求めるのがコツだ、と藤原和博氏は述べています。藤原氏の場合は、それが「教育改革実践」で、これを組み合わせたリクルート出身者は皆無でした。まだ働き盛りだったリクルート管理職時代に、思い切って杉並区立和田中学校校長の公募に応募し、大変な倍率の競争を勝ち抜いて採用されたことがきっかけで、そこから人生が大きく変わっていきます。

私の場合は3番目の専門性がなかなか定まらず、さまざまなことにチャレンジして試行錯誤をしてきました。今振り返ってみるから整理できるのですが、最初に手がけたのが2社目の新銀行東京に勤務していた時代に51歳で始めたTwitter（現在のX）です。Twitterの魅力を伝える勝間和代さんのビジネス書を読んで興味を持ち、実践しました。当時は、大好きなハワイ情報を毎日つぶやいてハワイが好きなフォロワーがどんどん増えていきました。55歳で本格的な起業準備に取り掛かったころ、次に始めたのが、ブログとFacebookです。ブログには毎日読んだビジネス書の内容を忘れないようにと要点をメモする形で書評を書くことにしました。TwitterやFacebookには、ブログに書いた書評記事のリンクを毎日投稿して情報発信ツールとして活用しました。続いて、２０２０年2月に61歳でYouTubeチャンネルを立ち上げて、ビジネス書の内容を動画で伝える発信を開始、さらにその3年後の２０２３年2月に64歳で音声配信

「stand.fm」にて「大杉潤の出版応援ラジオ」というインターネットラジオ番組をスタートして現在に至ります。10年間ほとんど毎日更新してきたブログの3200冊を超えるビジネス書の書評記事を基盤にして、SNSやYouTube動画や音声配信など、多彩な発信力が3番目の専門性になりました。この3番目の専門性は最初から意図してできたものではなく、長い年月をかけて少しずつ形になって組み合わせたものです。

専門性は50代からでも10年単位で作っていける

私の例でもわかるように、1つの専門性は「10年単位で作っていくもの」だと考えています。みなさんの会社員としての本業でも、本当のプロフェッショナルとして100人にひとりの希少性を獲得する存在になって、それで食べていくには、10年程度の時間を要するのではないかと思います。このように言うと、「そんなに悠長に準備している暇はない」「自分には耐えられない」という声が聞こえてきそうです。その気持ちはわかります。だからこそ、「好きなこと」に取り組むべきなのです。

私も「多彩な発信力」にチャレンジしている最中には何の展望もなかったし、大した反響も得られなかったので、普通なら心が折れても不思議ではありませんでした。なぜ続けていけたかといえば、大好きなビジネス書やハワイに関する発信だったからです。別にお金を稼ごうとか仕事にしようという確信があったわけではありません。もちろん副業として何かしらの収入を得られるようになりたいとか、将来は起業の柱ができたらいいな、という思いはありました。ただ、時間軸を長く取って、いつか役に立つことがあるのではないかと思いながら続けてきました。

次ページにある**「図2-3 石原明氏の成功曲線」**をご覧ください。1つの専門性を身につける過程は、かけた時間に比例して、点線のように一直線に成果が出るように私たちはイメージするものですが、実際には曲線のようなプロセスで身につくことを表した図です。

武道の上達でも楽器演奏の習得でも英語力の向上でも、曲線のような経緯をたどることが多く、「成功曲線」と呼ばれています。多くの人は、かけた時間の割には、点線のような時間に比例した成果が出ないために心が折れて、途中で努力をやめてしま

図2-3
石原明氏の成功曲線

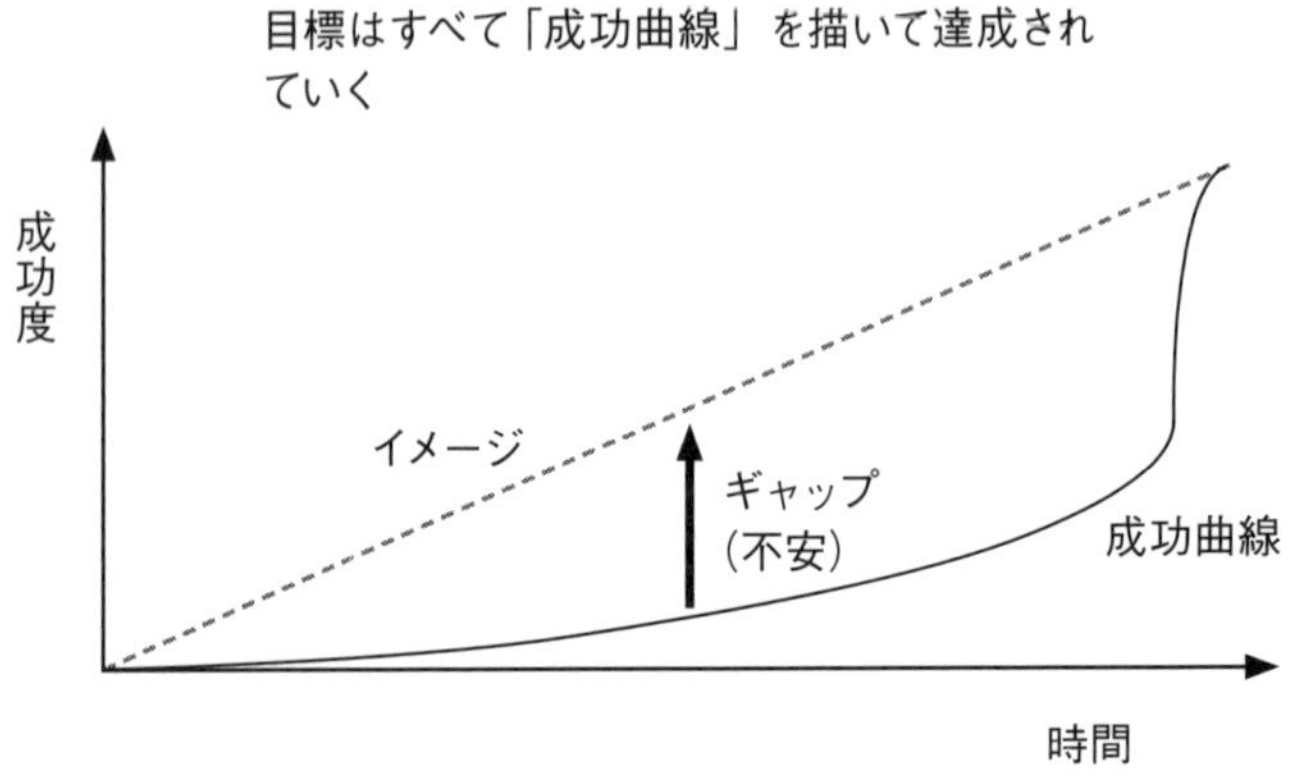

(出典) 石原明著『「成功曲線」を描こう 夢をかなえる仕事のヒント』(大和書房) を参照し作図

うのです。楽器演奏でも英語力でも途中で挫折する人が多いのはそのためです。ところが、成果が出ない間も淡々とトレーニングなどの努力を継続していれば、どこかのポイントで一気に成果が上がり始め、そこからは加速度的に結果が出て成功に至る、というのが成功曲線です。「突然、英語が聞きとれるようになった！」とか「ある日、自然と手がスムーズに動いて楽器演奏が上達した！」という体験談はたくさんあります。どんな分野であっても、実際に成功した人は皆、「自分も成功曲線の通りのプロセスで成功に至った」と口をそろえて言います。

最初から、この成功曲線のことを知っていれば、成果が出ない期間も淡々とトレーニングなどの努力を続けられるのです。ただ、人間はどうしても弱い存在で、継続することがなかなか難しいからこそ、好きな仕事に取り組む形にする方が成功しやすいということになります。私は石原明氏の書いた**『「成功曲線」を描こう 夢をかなえる仕事のヒント』（大和書房）**を読んで、この曲線のことを知っていたので、時間軸を長く取って、なるべく継続しやすい仕組みとするために、好きなことを活動の中心に据えるようにしました。

自己啓発書作家で世界No．1コーチと言われるアンソニー・ロビンズ氏は、「人は1年でできることは過大評価し、10年で達成できることを過小評価している」と述べていますが、まさにその通りだと思い、私は座右の銘としています。

長期的に円安になると考える理由

物販ビジネスの中で、私はeBayのような越境ECプラットフォームで日本のモノを海外へ輸出するビジネスが極めて有望だと考えています。それは、ここ1年くらいの急激な円安トレンドが、今後も長期的に続くと予測しているからです。もちろん為替相場の変動には波があり、円安ばかりでなく円高に振れる局面も何度も来るでしょう。しかしながら、中長期で見た時に、通貨の価値としては円が安くなり、ドルが高くなる方向に進むことは間違いないと判断しています。

そう考えるきっかけは、『**The Next Hundred Million:America in 2050**』(**Penguin Books**)というジョエル・コトキン氏の本を読んだことでした。アメリカは2050年に向けて、現在の3億人を超える人口に「次の1億人」が加わって4億人を超える人口に拡大する。その「次の1億人」のパワーによって、アメリカはより強い経済、より多様な社会へとダイナミックに変貌し、中長期的に成長を続けていくと予測しています。一方で日本は、出生数の大幅な減少から人口減少が加速し、2050年には人口1億人割れの予測も出ています。これからの四半世紀で1億人が増えるアメリカの通貨・ドルと、2000万人以上人口が減って1億人を割り込む日本の通貨・円について、どちらの通貨の価値が上がっていくかは明らかでしょう。

したがって、日本の安くなるモノを海外に輸出する物販ビジネスは、今後ますます伸びていくのではないかと私は考えています。eBay輸出のスクールを運営している荒井智代氏に、今後とくに狙い目となる日本の輸出品を聞いたところ、引き続き日本の一眼レフカメラの人気は根強いものの、「日本の自動車メーカーの部品類の需要が高い」という興味深い考察でした。日本人の場合はある程度の距離を走ると自動車を買い替える習慣がありますが、海外のユーザーは部品を取り換えたり修理したりしながら、気に入った車を長く乗り続けるのが普通だそうです。日本車は故障しにくいためとくに人気ですが、海外ではなかなか古い車種の部品が手に入らず、日本の自動車部品がeBayに出品されると取り合いになると言います。自動車が好きで部品などにも詳しいエンジニアの副業として、自動車部品のeBay輸出は有望な副業になるかもしれません。

私の後輩で、中古自転車の部品を収集するのが趣味の人間がいます。自転車メーカーでは日本のシマノの人気が断トツで、シマノの珍しい部品はコレクションとしてヨーロッパをはじめ世界中のマニアから大人気だそうです。このように、世界中の人々にマーケットを広げると、日本人なら比較的簡単に手に入れられる商品が、思わぬ高値で海外へ輸出できる時代になっていることがわかります。そのほかにも、日本のアニメキャラクター関連グッズやポケモン関連商品、任天堂の旧式ゲーム機なども海外のマニアにはとても人気が高いということです。

Interview

荒井智代氏

eBay輸出が伸びる理由

荒井智代 - 49歳

東京都出身、東京工業大学修士課程修了。イーベイジャパン公認パートナー。eBay輸出のオンラインスクール「プラスポート物販部」主宰。

2013年に、14年間勤めた特許庁を退職し、eBay輸出をスタート。7か月目で月収100万円を達成。2015年から、eBay輸出スクールの講師を務め、2017年6月から、eBay輸出のオンラインスクール「プラスポート物販部」を開校し、好きなことで稼ぐ！ をモットーに、まったくの初心者からeBay輸出を本業とするところまでをサポートしている。働き方改革で副業が求められている時代、「スポーツジムに通う感覚で気軽に副業を学び、給料以外の収入の柱を作る」人を増やす活動をしている。

小さいころから好きだったこと、学生時代の専門は何だったのですか？

調べること、リサーチすることが好きでした。というか、調べないと気が済まないタイプです（笑）。買い物の際も端から端まで商品をすべて見てから決めます。旅行はパンフレットを取り寄せ、すべてのプランを比較して、最も良いと思うものに決める、ということを昔からやっていました。

リサーチ好きなので、特許庁の仕事（特許審査官）は自分に合っていたと思うし、今の仕事（eBay輸出）も過去に売れているものを調べることが稼ぐ肝なので、そこは苦にならないし、むしろ楽しめているので、活かせていると思います。

大学と大学院は土木工学科で、もともと住宅の間取り図を見たりすることが大好きでした。そこから建築物、建造物を創る仕事に憧れを抱き、人とちょっと違うことをするのも好きなので、建築よりも土木に魅力を感じました。女性で土木を選ぶ人が少ないから、そのマイナーさに心惹かれたのだと思います。

安定した公務員という立場で、向いていた特許庁の仕事を辞めて、現在の仕事をするようになったのはなぜですか？

このまま同じ仕事を続けていくことにやりがいを感じられなくなりました。たまたま親友ががんで亡くなったこともあり、このままの人生では後悔するのではと感じたのです。働く場所と時間を決められる生活が嫌で公務員を辞めたので、「雇われないで、自由に稼げる方法ってないかな」と思って、そこからネットビジネスを始めました。

自分に合った仕事を見つける方法は？

自分でやりながら、うまくいく方法を探っていった感じです。トライアンドエラーなので、とにかく行動していくことが最短の成功方法でした。リサーチ好きだったので物販は向いていたと思います。今でこそ講師業や情報発信もしていますが、最初からブログを書くとか、情報発信するとかであれば、もともと好きなことではないのでうまくいかなかったのではないかな。ひとりでコツコツと行動できるものだったから、自分に合っていたのではないかと思います。

副業に取り組んでいるeBay輸出スクールの生徒さんを見ていて、うまくいく人と結果が出ずに挫折してしまう人の違いはどこにあるとお考えですか？

まず、素直な人は成功しやすい。「守《しゅ》破《は》離《り》」の「守」で、最初は成功者に学ぶことが大切。今はすでに先に成功している人やノウハウを発信している人がたくさんいるので、その中で「こんな人になりたい」「この人に教えてもらいたい」と思う人を見つけて、その人のやり方を素直にやってみるのが最も早く成功に近づける方法です。

次に、続けることが大切。eBay輸出でいえば、1つの商品で1000円から2000円でいいから売買で利益を上げる経験をすること。その小さな取引を積み重ねることができる人は物販に向いていると思います。そして、最初から最後まで全部、自力でやるということ。物販は実際に経験してみなければ、肝がわかりません。

今後の活動や人生設計について教えてください。

収入の柱を増やし、稼げる時にしっかり稼いでおく。いつまでこの状況が続くかはわからないので、今できることは今やっておく。健康面でも経済面でも環境面でもそう考えています。

それと、いつ死んでも後悔しないように「我慢はしない、嫌なことはやらない」をモットーにしています。

最後に、副業を目指す読者へ伝えたいメッセージをお願いします。

人生はいつからでも変えられる。一度きりの人生だと思うと、嫌だなと思う時間は少しでも減らしたい、我慢して生きたくないと思います。

自分に合った副業を見つけることが、長く続けられるポイントの1つでしょう。物販という副業は、とくにひとりでコツコツと作業することが好きな人には向いていると感じます。自分自身の能力や才能を売るのと違って、商品の力があれば売れていくので、とくに人より秀でているものがないとか、まだ自信がないとか、初めて副業をする人にも取り組みやすいと思います。

Chap.2 Point

◎成功する副業のカテゴリーは、①物販ビジネス、②賃貸ビジネス、③情報ビジネスの３つのカテゴリーに集約される

◎副業として始めやすいのは、物販、賃貸の順番だが、どちらのビジネスもいずれはノウハウを売る情報ビジネスに帰結する

◎物販ビジネスはヤフオク！・メルカリから「せどり」が入り口で、だれでも再現可能なビジネス

◎円安が進行する中で、日本のモノを海外へ輸出する「越境ＥＣ」が有望

◎好きな仕事を副業にするから行動できるし、長く継続できる

◎長く稼ぎ続けるには、3つの「専門性」を組み合わせて、100万人にひとりというレベルの「オンリーワンの存在」になることがポイント

◎1つの専門性を身につけるには10年単位で取り組み、「成功曲線」を念頭に置いて諦めずに継続すること

第3章

会社員の信用力を活かせる「賃貸ビジネス」

賃貸ビジネスの王道は「大家業」

先祖代々の土地を持っている資産家が住宅用不動産を賃貸する「大家業」は伝統的な副業です。広大な土地を所有する地主農家が農業の傍ら、空いている土地に相続税対策でアパートを建設して賃貸する事例は、全国いたるところで見られます。

その後、住宅ローンの普及に伴い、会社員がマイホームを取得する時だけでなく、賃貸用住宅不動産を購入する時にも借り入れができるようになり、アパート・マンション投資が一種のブームにもなりました。ただ、不動産は数百万円から数千万円という高額の投資になって借入金も大きくなるため、しっかりリスクを踏まえて行う必要があります。

前章で紹介した『**40代からは「稼ぎ口」を2つにしなさい**』（**ダイヤモンド社**）および『**いますぐ妻を社長にしなさい**』『**とにかく妻を社長にしなさい**』（**サンマーク出版**）の著者である坂下仁氏は、主宰する「お金のソムリエ協会」の中で、自らの経験や所属メンバーの事例などから導き出した「大家業」のポイントを次の2点としています。

1―資金繰り
2―立地

会社員が大家業を行う場合には、賃貸用不動産を購入するための資金を借り入れることが普通で、最低でも数百万円から数千万円規模になることもあります。したがって、家賃収入がどれくらいあって、経費や借入金返済がどれくらいかかるかを月次ベースで把握し、管理すること、すなわち毎月の資金繰りが大切なのです。私はもともと銀行員でしたので、資金繰りが経営の生命線であることがよくわかります。ある程度数字に強いというか、少なくとも数字による管理に苦手意識や抵抗がないことが大家業には必要です。

もう1つのポイントは立地です。不動産賃貸業は「立地が9割以上」と言われるくらい大切で、要するに立地がよければ空室になって家賃収入が入ってこなくなるリスクを大きく減らせるのです。銀行など金融機関から不動産購入資金を借り入れる場合には、購入物件を担保として差し入れることが通常なので、立地の良し悪しは金融機関のローン審査でも厳しくチェックされます。したがって、会社員が副業として大家業を行う場合には、とにかく自分自身がよく知っているエリアに立地する不動産に投資しなければうまくいきません。立地がいいか悪いかは一般論では判断できず、その地元の環境や歴史、その他さまざまな事情に詳しく、立地についての目利きがしっかりできなくてはならないのです。

本章の最後にインタビューを掲載した神村尚・楽々《ラ　ラ》夫妻は、「お金のソムリエ協会」で学んだ後、2020年から地元の鹿児島県で不動産投資に挑戦しました。まず、会社員である尚さん（42歳）と妻・楽々さん（38歳）とで役割分担を明確にしました。尚さんは数字やパソコンに強いので、インターネットで物件の調査、さらに借入の段階では地元信用金庫へ事業計画などの数字を説明、会社員としての信用力を活かして借入交渉を担当しました（最終的に自己資金380万円、借入金額1000万円、金利1・90％、期間20年にて借入に成功）。

一方、楽々さんは看護師時代に培ったコミュニケーション能力や人の世話をする能力を活かして、めぼしい物件の現場を訪問、不動産仲介会社、管理会社とのやり取りや現地調査を担当しました。夫婦でお互いの強みを発揮し合うことで、3人の子育てをしながら大家業の副業を開始しました。

最初に購入した物件は、中古アパートで、入居者がすべて埋まっている満室状態でのオーナーチェンジの形でした。

・物件：中古アパート（1DK4戸）、築37年
・立地：鹿児島県内の再開発が進むエリア
・価格：1280万円
・周辺：駅や商業施設へ自転車で10〜15分

家賃が1戸3万1600円なので、利回り11・85%になります。

さらに神村夫妻は、第2弾の物件として、中古戸建て投資も行い、長くネット上に出て売れていなかった物件の現地調査を行い、丁寧な交渉で提示金額の半額以下での購入に成功しました。こうした事例のように、「大家業」においては、資金繰りと立

地が最大のポイントになりますが、そのためにも自分たちがよくわかっているエリアか、すぐに現地へ調査に行ける範囲の物件で行うことが重要でしょう。

賃貸ビジネスでは節税スキーム活用も魅力

会社員には給与所得控除というものがあるため、経費計上は原則として認められませんが、副業で賃貸ビジネスを行うと、事業に関わるさまざまな経費の計上が可能になり、節税ができます。不動産賃貸業の場合に大きいのは、減価償却費を計上できること。所有している物件の建物の価値は年々減価していくことから、毎年減価していく分を経費として計上できるのです。この減価償却費は実際に現金が出ていくわけではないのに経費計上できるところにメリットがあります。通常の経費は、現金が外へ出ていくので、その分を経費計上するのですが、減価償却費の場合には現金が一切、減ることがありません。

そのほかにも、賃貸ビジネスが雑所得ではなく事業所得の規模になれば、さらにさまざまな経費も認められることになります。収入が増えてきたら法人化することで所得税率を下げるなどの節税も可能です。

また、賃貸ビジネス、とくに不動産投資の大家業は、昔から地主が行っていることもあって、副業禁止となっている会社であっても、とくに本業に支障が出る場合でなければ、届け出ることさえ不要という慣習になっている会社がほとんどでしょう。そういう意味では、会社員が始めやすい副業と言えるかもしれません。

新しいタイプの賃貸ビジネスが生まれている

不動産賃貸業の中でも、伝統的な大家業以外に新しいタイプの不動産業が次々と生まれて注目を集めています。家の近くで見かけることが多くなった人もいると思いますが、「都市型トランクルーム」の賃貸というビジネスが会社員の間でも広がってきました。

株式会社UK Corporation代表取締役の浦川浩貴《こうき》氏が書いた『**完全解説 都市型トランクルーム経営**』**（幻冬舎）**によれば、収納ビジネスは用途の範囲が広く多様性があるため、安定した稼働が期待できると言います。たとえば、趣味のコレクションを収納、キャンプ道具一式を収納、クローゼット代わりに使用、さらに法人による需要も根強くあるそうです。著者の浦川氏は、２０１６年からトランクルームの運営管理と開発分譲に着手し、日本で初の区分投資型のトランクルーム事業を始めたそうですが、実績では利回り15％を実現していると述べています。そうした点を含めて同書では、都市型トランクルーム経営のメリットとして、次の9点を挙げています。

1―高利回りが望める
2―維持のための手間がかからずコストも少ない
3―安定的に稼働する
4―駅近でなくても競争力がある
5―築古の建物でもＯＫ

6―税金対策になる
7―クレームやトラブルが起こりにくい
8―災害や不景気にも強い
9―都市部でも不動産投資ができる

こうした特徴のある不動産賃貸業は、時代の潮流に合えば有望な副業になります。ただし、環境変化も激しく、自分が好きな分野でないと情報収集・分析も遅れがちになって、変化によるリスクに対応できないこともあります。そういう意味で、賃貸ビジネスは投資額もある程度の規模になるため、自分が好きで新たな情報収集を楽しんでできるという方にだけお勧めしたいビジネスです。

もう1つ、ユニークな新ビジネスとして、「レンタルスペース投資」を紹介します。株式会社トータルクリエイツ代表取締役の坂口康司氏が書いた『**堅実な資産運用をしたいならこの1冊！ レンタルスペース投資の教科書**』**（自由国民社）**によれば、レンタルスペースは「時間貸し」ビジネスであり、不動産を所有するオーナーでなくてもできるのが特徴です。要するに、部屋を借りて、そこに付加価値をつけて転貸するという形態の新しいビジネスです。坂口氏によれば、レンタルスペース投資には次のような特徴があり、まだまだブルーオーシャンで競合がそう多くない今がチャンスだと言います。

1―集客プラットフォーマーは上場しており、マーケットが成長している
2―100万円以下の初期投資で、月10万円の収益も可能
3―運用代行会社の活用などにより労力がかからない
4―運用形態はさまざまだか、パーティー用がお勧め
5―利用者は写真の第一印象でスペースの予約を決める
6―予約に直結する写真の極意は「明るさ」と「賑やかさ」
7―顧客トラブルを減らすためにできるポイントがある

このレンタルスペース投資は、自己所有物件の場合なら、出口戦略として民泊に転用したり、売却したりするなどの方針変更も柔軟にできると言います。また、副次的な効果として、飲食店経営など店舗経営のプレ体験になるメリットもあるそうです。

飲食店経営に比べてリスクが少なく、パーティー用の時間貸し運用を経験することで、お客さまのニーズや接客ノウハウが学べると言います。また、集客用に掲載する写真が最大のポイントになるため、一眼レフカメラの活用など写真撮影が好きで得意な人の副業として有望です。坂口氏自身も、独立前の仕事で培ったＩＴや写真撮影、映像制作というクリエイティブ面の強みを発揮できたからこそ、レンタルスペース投資がうまくいったと述べています。

不動産以外の賃貸ビジネス

不動産以外の賃貸ビジネスとしては、自家用車やバイクを使わない時にレンタルするカーシェアリングが広がってきました。とくに日本の都市部では若者のクルマ所有離れが加速していて、自動車メーカーは大きな危機感を持っています。そうした中で、今、キャンピングカーのレンタル事業が注目されています。先ほど紹介した神村夫妻の楽々さんは「鹿児島観光ガイド」という観光ポータルサイトを運営していて、子ども連れの観光としてキャンピングカーの需要があることに気づき、レンタルする事業を始めました。投資額とレンタル料金は次の通りです。

1 ─ 投資額：550万円（中古キャンピングカー購入）
2 ─ レンタル料金：平日／1万9800円（1日）、土日祝日／2万5600円（1日）

ハイシーズンは10％増、リピート割引5％などきめ細かくレンタル料金を設定しています。月に3日の貸し出しができれば、ローンや税金など諸経費をまかなえて、4日目以降の貸し出しが収益になると言います。観光需要が回復してきた2023年3月は25万円の収益になったそうです。

第6章にインタビューを掲載している大谷裕幸氏も楽しみながらさまざまな副業を手掛けている達人ですが、キャンプが趣味であることを活かし、マッチングサイトを活用したキャンピングカーのレンタル事業を始めました。レンタル料金は1日1万6

000円で、コロナ禍でキャンプが隆盛になったことから、貸し出し時に利用者に1時間程度の説明をするだけで、いい時は月10万円程度の収益になっているそうです。

賃貸ビジネスについても、物販ビジネスと同様、自分が好きで得意なものに特化して、自分ならではの独自性や特徴を出して、楽しみながら行っていくのが秘訣です。みなさんも自分の好き、得意、強みを活かした副業を考えてみませんか。第2章と本章で取り上げた物販ビジネスと賃貸ビジネスは会社員が入り口として始めやすい副業です。

普通の会社員のための「超副業力」という考え方

サントリーフーズに入社後、自らの働き方改革に取り組む中で、アウトルックスキル獲得による業務生産性の大幅向上の余地を発見して、有料セミナーのプラットフォーム「ストアカ」で人気講座となった森《もり》新《あらた》氏は、著書『**普通の会社員のための超副**

業力』（CCCメディアハウス）の中で、「会社員＋副業は、最強の働き方である」と述べています。

それは、本業に支障のない、時間のコントロールができる副業のモデルを構築する必要があるという考え方で、私が提唱する「戦略的副業」と同じコンセプトの副業です。「人生が変わるくらいのインパクトのある副業」と森氏は述べています。たとえば、同じ年収500万円であれば、本業だけで500万円よりも、本業350万円＋副業150万円の合計年収500万円を選ぶべきだと森氏は言います。つまり、本業の年収を落としてでも副業を立ち上げるメリットがあるということです。

こうした森氏が「超副業力」と呼ぶ副業の思考法のポイントは次の5点です。

1―本業収入を下げてでも、もう1つのポートフォリオを作りにいく
2―会社の収入のみに依存せず、会社からの精神的自立を実現する
3―争うのではなく、正しいことを正しく伝えられ、職位に関係なく議論できるマインドセットを得る
4―副業で失うものは何もない

5 副業が確立できれば、時間生産性と総収入は比例するようになる

私が新卒で入社した大手銀行は、2000年に3行が統合してみずほフィナンシャルグループとなりましたが、そのみずほグループでも副業解禁となり、その後、週4日勤務（週休3日）で給与8割、週3日勤務（週休4日）で給与6割という制度ができました。そこまで働き方の自由度（選択肢）を広げることによって人材の確保を追求するという考え方です。副業解禁に関しては最も保守的で消極的だった銀行業界でもこうした動きが出るほど、世の中は大きく変わってきているのです。

では、次の第4章では、3つ目のカテゴリーとして挙げた「情報ビジネス」について見ていくことにしましょう。

Interview

神村尚・楽々夫妻

鹿児島の地元不動産投資とお金の考え方

神村尚 - 42歳

得意な外国語（英語・中国語）を活かして船のサルベージ会社（人と船を救出する会社）に通訳として勤務。その後、事務職の仕事に転職して、現在、会社員として勤務しながら妻と一緒に副業に従事。

神村楽々《ララ》 - 38歳

医師の家庭に育ち、医療業界の中で向いていると思った看護師を選んで6年ほど勤務。患者に寄り添いすぎてしまうことに悩んで退職し、鹿児島県の観光に関するポータルサイトを運営。その後、育児との両立がしやすいように不動産賃貸業で起業、鹿児島観光のサイトを運営しながらキャンピングカーのレンタルも行っている。

小さいころから好きだったこと、学生時代の専門は何だったのですか？

尚：小さいころから昆虫が好きで、大人になってからは旅行が好きです。学生時代は語学に興味があり、英語と中国語を学び、語学力を活かして海外旅行などに関わる仕事をしてみたいと思っていました。

楽々：私は医師の家庭に育ち、人の世話をすることや、人に喜ばれることが好きでした。医療業界の中では向いているのではと考えて看護師になり、6年ほど勤務しました。

看護師の仕事はやりがいがあったのですが、どうしても患者に寄り添いすぎてサービスが過剰となって、病院の方針との間で悩むことが多かったんです。また、忙しくて時間が自由にならないことや、子育てとの両立が難しいと感じて退職して起業することにしました。

現在の仕事や副業をするようになったのはなぜですか？

尚：子ども3人を育てていくのに、時間やお金の面で危機感を感じて、地元の事務職に転職し、夫婦でお金の本質を学ぼうと、坂下仁さんが主宰する

「お金のソムリエ協会」のセミナーに夫婦で参加し、副業を始めることにしました。

本業が週に45時間くらい、副業が週末を中心に週に10時間くらいというのが現在の時間配分です。

楽々：私は「鹿児島観光ガイド」という観光旅行者向けのポータルサイトを運営して、旅行やグルメに関する情報を発信しています。坂下仁さんから教わった「妻社長メソッド」を活用して、会社の社長は私が務めて表に出て、夫は会社員なのでバックでサポートする役割分担にしています。

現在、夫婦で行っている仕事（妻は本業、夫は副業）は次の4つで、それぞれ役割分担して進めています。

1—不動産投資（夫：物件リサーチ、事業計画、借入交渉、妻：現場対応、交渉）
2—講師業（夫婦で「お金のソムリエ協会」認定講師としてお金の教育）
3—ITによる情報発信（noteによるブログなどで、夫婦共同）

4－キャンピングカーのレンタル（夫：サイト構築、経理処理、妻：利用者対応）

今は夫婦でお互いの得意な分野、強いところを担当して、助け合いながら進めているのでどの仕事も楽しく取り組めています。

副業に取り組んでよかったこと、夫婦で行うメリットを教えてください。

尚：お金の本質として、夫婦で共通の夢を実現するための手段としてお金を捉えることができるようになりました。私は、もともとコミュニケーションが苦手で、そういう人でも裕福になれることを示していきたいです。今の職場は派閥の争いなどもあり、パワハラなども見られて居心地がよくありません。でも、副業を始めたことで、心にゆとりが生まれ、少し軽くなったように感じています。

楽々：夫婦で事業を進めていくメリットに、夫の副業が会社にバレにくいことと節税があります。私が社長になって法人化しているので、自営業だと子どもを保育園に入れるのが難しいところ、社長だと最優先で入れるメリットもありました。デメリットは、利益が出ていなくても法人だと必ず7万円の住民事業税がかかることですね。

私たちは、新しい家族のカタチを発信して、「家族を幸せに」という夫婦共通の夢をこれからも追求していきたいと思います。

Chap.3 Point

◎賃貸ビジネスの王道は、住宅を賃貸する「大家業」で、資金繰りと立地の2つが重要なポイント

◎賃貸ビジネスでは「節税」スキームも魅力で、とくに現金が出ていかない減価償却費を経費計上できるメリットがある

◎都市型トランクルーム経営やレンタルスペース投資など、新しい不動産賃貸業が続々登場している

◎不動産以外の賃貸ビジネスとして、キャンピングカーのレンタル事業はコロナ禍で人気が出て大きく伸びた

◎賃貸ビジネスも、自分の好きや強みを活かした自分ならではの独自性や特徴を活かしたビジネスとするのが成功の秘訣

◎本業に支障のない、時間のコントロールができる副業のモデルを構築できれば、時間生産性と総収入は比例するようになる

第4章

副業の本命は「情報ビジネス」

情報ビジネスの市場規模は無限大

物販ビジネスや賃貸ビジネスの場合、販売や賃貸する対象物には物理的な限度があるので、ある程度市場規模が限定されます。それに対して、情報ビジネスは種類も多く、情報量にも限度がないことから市場規模は無限大と考えていいでしょう。加えて、物販や賃貸の場合には欠かせない仕入れのためのコストも発生しないケースが多くあります。そのため、市場の規模もバリエーションも大きくて選択肢が豊富、かつ、低コストで売上を立てやすいことから利益率を高くしやすいので、情報ビジネスは会社員の副業として最も有利な「本命」と言えるでしょう。

では、具体的にどんな情報ビジネスを副業として手掛ける会社員が多いのでしょうか？　中小企業庁の調査では、会社員が独立する時に最も多い職種として、「コンサルティング業」と「営業代行」が2本柱だとしています。副業として行う場合でも、本業で身につけた知識・経験・スキル・人脈などを最もダイレクトに活かせる仕事として、コンサルティング業や営業代行は有望でしょう。

世の中の経済活動はすべて「顧客の問題解決」であり、コンサルティング業は直接、それを行う仕事です。また、いかに売上をアップさせるかに悩み、そのための営業に課題を感じている会社は多いので、営業代行は業種を問わずニーズがあります。

副業初心者でも気軽に試してみる方法として、「ランサーズ」「クラウドワークス」などのクラウドソーシングサービスのマッチングを行っているプラットフォームに登録する方法があります。

たとえば、ランサーズの場合、次の8つのカテゴリーで仕事を依頼（すなわち、副業を登録）できるようになっています。

1―Web制作・Webデザイン
2―デザイン制作
3―写真・動画・ナレーション
4―営業・事務・ビジネス
5―Web集客・マーケティング

6―ライティング・翻訳
7―システム開発・運用
8―タスク・作業

基本的にリモートワークができる職種が多く、契約金額（税込）に対して、16・5%のシステム利用料がかかる仕組みです。クラウドワークスは契約金額に応じて、5%から20%まで幅があります。案件の質や量については、それぞれのプラットフォームで特徴があり、自分に合ったシステムを利用するのがよいでしょう。

そのほか、資格がなくても始められる職種として、ガイドやインストラクター、コーチなどの仕事があります。通訳案内士という国家資格を取得して公式に行う通訳ガイドのような仕事もありますが、そこまでいかなくても地元の観光案内を有料ボランティアの形で行える地域もあります。とくに季節のイベントで多くの集客が見込める観光地では、ガイドのニーズは多く、毎年繰り返し発生するのも魅力です。

インストラクターやコーチは、いわば技術指導員で、自ら身につけている専門技術を初心者に教える仕事になります。ゴルフのレッスンプロのように資格が必要なものもありますが、そこまでいかない初心者向け教室は、テニス、武道などのスポーツや楽器演奏などの音楽関係も人気です。プロを養成するような本格的なインストラクターとなると実績が必要でだれもができるわけではありませんが、実はいちばんニーズが多くマーケットが大きいのが、初心者向けの指導教室です。こうした教室のインストラクターは、雲の上のプロよりも、むしろ自分の一歩前を歩む中級者くらいの人が教える方が親近感が感じられて人気があります。

手軽さと心身の健康がキーワード

コロナ禍で在宅ワークが急増したことから、心身の不調を訴える人が増えて、手軽に始められる運動や楽器演奏などが注目されています。在宅ワークでは、オンとオフの切り替えが難しい、なかなか気分転換ができない、家族関係が密になりすぎてストレスが溜まる、といった声が多く聞かれるようになりました。

そうした中で、以前から人気のあったヨガ、マインドフルネス瞑想、太極拳、ダンス、フラダンス、ピラティスや、ランニング、ジョギング、ウォーキング、登山、キャンプなどのアウトドア活動で心身の健康増進に励む人が増えています。指導教室やコミュニティ運営という仕事は、自分が好きで得意な分野であれば、楽しみながら副業ができます。

いずれもお金や時間をなるべくかけずに手軽に始められることや1人での参加も可能なことがポイントになっています。ソロキャンプが流行しているのもそうした流れの一環でしょう。私が趣味の活動として経験した中でも、ウクレレ初心者向けの教室は今、中高年に大人気です。ストレスの多い現代人だからこそ、今後も心身をリフレッシュしたいというニーズはますます高まるし、お金のかかる装備などが必要ない手軽な活動に人気が集まるのではないでしょうか。

健康ということでは、「食」の分野においても、白神こだま酵母手作りパン研究家の岡田友美佳氏が運営する、美味しい焼きたてパンが食べられるパン教室「ル・プチ・ボヌール」や、30分程度で3種類の美味しい料理が作れる、時短料理マイスター、ダンドリクッキング代表で、**『わたしも家族も笑顔にする幸せキッチン』（自由国民社）**

の著者・遠藤早智《さち》氏が運営する「料理教室」も人気があります。それぞれ、最初は副業レベルからスタートし、好きや得意を活かした独自コンセプトで立ち上げた情報ビジネスの成功例です。

首都圏副業人材の活用が地方創生の切り札に

私は2019年7月に伊豆に執筆の拠点を構え、埼玉と伊豆の2拠点生活を始めるようになって強く感じていることがあります。それは、静岡県内の地元企業や店舗にはICT（Information and Communication Technology＝情報通信技術）に強い人材が少なく、せっかくのチャンスを活かせていないということ。私がもう1つの地元にしている静岡県の東伊豆町は、昔からの漁港、温泉宿などが立ち並ぶ伝統的な観光地でもありますが、旧態依然とした建物、店舗が多く、たまに見かけるオシャレな店舗は例外なく、移住者が立ち上げたものです。昔からある店舗では情報発信を行っているところも少ないので、外から来た観光客になかなか見つけてもらうことができないのです。また、自動車がなければ、エリア内の移動にも時間がかかる交通体系にも課題を抱えています。

そうした中で、元東急電鉄（株）・広報課長、ＭａａＳ事業責任者を歴任して独立起業した森田創《そう》氏は、まだ東急の会社員だったころに伊豆で副業を開始しました。伊豆半島の経営者と首都圏副業人材をマッチングさせるプロジェクト（2泊3日の合宿形式）を2回開催し、参加者の90％を超えるマッチング率を実現させたのです。なぜ、伊豆半島で行ったかといえば、東急のＭａａＳ（Mobility as a Service）事業を推進する際に、プロジェクト責任者として東急の戦略地域（伊豆急行、ホテル、観光施設等）であった伊豆半島を実証実験エリアに選定して実施したからです。その時の奮戦記は著書**『ＭａａＳ戦記　伊豆に未来の街を創る』（講談社）**に克明に描かれています。臨場感が伝わってくるストーリーで、副業を立ち上げるヒントとして、このプロジェクトの遂行プロセスは本当に参考になると思いますので、ぜひお勧めです。

森田氏が中心になって進めた「伊豆半島の経営者と首都圏副業人材をマッチングさせるプロジェクト（2泊3日の合宿形式）」の2回目は、下田市のワーケーション施設（下田市所有、三菱地所運営）および下田東急ホテルにて行われましたが、地元経営者および自治体、金融機関向けに行われた戦略ワークショップを私も講師としてお手伝いしました。とくに地元経営者の首都圏副業人材に対する期待感は強く、なかなかICTスキルを持った人材の雇用は難しいが、副業人材としての活用ならコストパフォーマンスの面でメリットが大きいという問題意識で、その積極性に驚きました。

2回のプロジェクトによって実際にマッチングした副業人材を見てみると、Webマーケティング、イベント企画、社員教育など多様なニーズが存在します。とくに新規事業の企画や既存社員の活性化に期待する経営者が多かったのが印象的です。

独立後の森田氏は、行政・企業顧問、人材マッチング事業と並ぶ、もう1つの事業の柱として、地方での交通改善とコミュニティ活性化を組み合わせた取り組みを進めています。東急のMaaS事業で培ったノウハウで行政や地元社会と実証実験を行い、地方創生へつなげていく取り組みです。人口が急減少する日本では、その流れを止めることは難しいものの、コロナ禍を経て働き方は確実に多様化しつつあり、地方もいかに関係人口を増やすかを課題として取り組んでいます。森田氏へのインタビューを本章の最後に掲載していますので、ご覧ください。

情報ビジネスの肝は「情報発信」

情報ビジネスの肝は、当たり前のようですが、情報発信です。物販ビジネスや賃貸ビジネスの場合は、対象とするモノ（商品）があるので、その魅力で売れていったり、借りてもらえたりしますが、情報ビジネスでは、そもそも自分自身が商品・サービスであるため、「自分は何を提供する人なのか」を発信しなければ、見つけてもらうことは不可能で、仕事を取れるはずがないのです。では、どうやって情報ビジネスに関する発信をすればいいのでしょうか？　私は、クラウドソーシングやスキルシェアのプラットフォームに登録して仕事を得る場合でも、ブログによる情報発信をすることを勧めています。

ブログに書く内容は、専門家としての情報です。自分が提供する商品・サービスの案内だけではすぐにネタが尽きてしまいますし、売り込みの色彩が強すぎてブログを見てもらえなくなります。いちばんいいのは、自分がターゲットにしているお客さま像の人たちが、興味を持っていること、そうした人たちの役に立つことをあえて無料で伝える記事を繰り返し発信していくことです。1つのブログ記事だけで読者の心を動かすことは難しいものですが、役立つ情報が繰り返しアップされ、かつ最新情報に頻繁にアップデートされているブログサイトであれば、ターゲットにしたい人たちに読みに来てもらえるようになります。その時に、自分の商品・サービスの売り込みを同じ記事内でしないこともポイントです。あくまでもブログ記事では、情報提供に徹するのです。このように直接、商品を売り込むのではなく、お客さま（になりそうな人）に向けて役立つ情報を発信し続けるマーケティング手法を「コンテンツマーケティング」と呼びます。最初に始めたのはフランスのタイヤメーカーのミシュランと言われています。ドライブの途中に行ける美味しいレストランの情報を☆の数で評価したガイド、いわゆる「ミシュランガイド」は、ミシュランのコンテンツマーケティングから生まれました。ミシュランはタイヤメーカーですが、タイヤの商品説明は一切せず、ひたすら自動車の運転手に役立つ情報を発信し続けることでミシュランのファンになってもらうことを狙ったのです。

私たちが書くブログ記事も、お客さまに役立つ情報をできるだけ更新頻度を高く発信するのがコツです。ランサーズやクラウドワークスで仕事を依頼する人も、専門性レベルを判断するために、登録者が書いているブログをよくチェックすると言われています。

ブログはストック型メディアで「人生の母艦」

ブログはできれば毎日更新するのが理想です。毎日、何か新しい情報がアップされているサイトというのは、それだけ興味ある人からはリピートで見られるようになるからです。

ブログの毎日更新を勧めると、「そんなに毎日、ブログに書くネタがない」と相談を受けることがよくあります。そういう場合にはテーマに関連するビジネス書の書評や紹介記事を書くとネタに困らないし、サイト自体の信頼性も上がるとアドバイスしています。普段の情報発信が決してひとりよがりのものではなく、きちんとした書籍を参考して、背景知識も整理した上で発信していることを伝えることになるからです。私のブログ記事は、ほぼ100%、ビジネス書の書評なので、実はネタに困ったことがありません。「ネタに困ったら書評記事」と覚えておいてください。

私のブログについて少しお話ししておくと、開設したのは55歳の時、2013年9月29日で、2023年9月でちょうど丸10年になりました。その間、ほぼ毎日更新を継続してきましたので、2023年9月末現在では3466記事、書評数は3241冊分となっています。毎日1冊、ビジネス書を読んで、その書評（内容の要点）をブログに書いて公開するということを繰り返してきました。当初の2年間はまだ会社員だったので、記事のクオリティも今から思えば低くて、読んだビジネス書の内容の備忘録として要点をメモする形式、他人に読まれることを意識した体裁になっていないものでした。ブログ開設3年目に起業して、自己流で制作していたワードプレスのサイトを専門家に外注してリニューアルし、ホームページ機能を持たせるようにした結果、少しずつアクセスが増えて読んでもらえるブログになりました。

ブログでいちばん簡単なのは、アメブロのような無料ブログのプラットフォームで開設するものですが、商業利用が原則禁止されています。アメブロならある程度プラットフォームで集客してくれるのでアクセスを集めやすいのですが、私は副業でもホームページ機能が持てるワードプレスで開設することを勧めています。また最近は、noteという有料記事を配信できる仕組みもありますので、手軽に始めたい人は検討の価値があるでしょう。

noteもマネタイズが可能な仕組みですが、公式サイトとして「情報発信ポータル」の機能を持たせるには弱い部分があります。その点、ワードプレスで作成するブログは、公式サイトとしてホームページを兼ねることが比較的簡単にできるのが強みです。ブログ記事を1本アップするたびに、ホームページが更新されて新しい情報を発信する形になるのです。

ブログのもう1つの強みは、記事が集積していく「ストック型メディア」だということです。FacebookやTwitter（現在のX）などSNSは投稿がどんどん流れていってしまうフロー型のメディアなので、過去の発信にアクセスすることが困難です。

それに対して、ブログは日付順、テーマ別にブログ記事が整理され、サイトを訪れた瞬間に、ストックとしてどの程度の累積があるかが一目でわかり、しかも特定の過去記事にアクセスすることも難しくありません。

私のブログサイトでいえば、3200冊以上のビジネス書の書評が掲載されていることが瞬時に理解でき、大杉潤はどんなジャンルのどんな本をどのくらい読んでいるかが手に取るようにわかるのです。更新頻度も一目でわかります。そういう背景があるので、私は「ブログは人生の母艦」と言っています。

YouTubeは最強ストック型メディアだが発信の負荷が大きい

私が情報発信として手掛けたツールとして、最強だと感じているのはYouTube動画です。YouTubeチャンネルを開設して、専門テーマを決めて頻繁に動画による配信を行うことができれば、次の3つの理由により最強の情報発信と言えるでしょう。

1 伝えられる情報量が動画は圧倒的に多く、受け取る側の満足度が高い
2 Googleのグループ会社なので検索で上位に表示され、アクセスを集めやすい

3　チャンネル上に動画を置いておくことができ、過去動画も再生されやすいストック型メディアである

私がYouTubeチャンネルを開設する決心をして、実際に2020年2月11日に動画配信を始めたのは、鴨頭嘉義人《かもがしらよしひと》著『**カンタンに売れるのになぜYouTubeをやらないんですか!?**』**（サンクチュアリ出版）**を読んだのがきっかけです。私が何か新しいことにチャレンジするのは、ほぼ100%ビジネス書を読んで、その中身を実践する経緯をたどりますが、YouTubeもそうでした。この本の中で、人気ビジネスYouTuberの鴨頭氏が、「今やYouTubeをやらないのはビジネスをやらないのと同じだ」とまで断言していたのに衝撃を受けました。確かにストック型メディアとしてYouTube動画は圧倒的な競争力があり、Google検索をすると上位にはYouTube動画が並ぶ状況になっていました。さらに印象に残ったのが、「これからビジネスYouTuberの時代が来る」「YouTube動画をネット上に置いておきさえすれば、何かのきっかけで再生された時に、とんでもないことが起きる可能性がある」という鴨頭氏の予測です。実際に過去にアップしていた動画が、忘れたころに再生され、大きく拡散されて一躍有名人になった

YouTuberもいます。そういう意味で、YouTubeはフロー型のSNSとは違い、ブログのように過去の配信が蓄積されて残るストック型メディアなのです。

ただ、これだけインパクトのあるメディアではあるのですが、何せ発信するのに手間がかかります。ブログも毎日更新しようと思うと結構、負荷がかかりますが、YouTubeはその比ではありません。まず、身なりを整え、音を遮断し、採光を調整し、収録の緊張感、その後の編集の大変さ、アップロードする時の通信環境など、動画を1本アップするのにどれだけ手間がかかるのか、といった感じなのです。

私もスタート時は、張り切って毎日動画をアップするというのを150日間（5か月間）連続で続けましたが、オーバーワークで体調を崩してしまいました。それからは不定期の更新にしていますが、どうしても作業の負荷を考えると、間が空いてしまいます。チャンネル登録者数の多い人気YouTuberのチャンネルは、プロが付いていて、収録、編集、サムネイル制作、アップロードまでをスタッフがやっているケースが多いようです。とても素人がワンオペで戦えるフィールドではなくなってきました。

ただ、私のような素人感満載のYouTubeチャンネルでも意外と観ていただいていて、わずか270本の動画しか公開していませんが、チャンネル登録者数は1270人まで増えてきました。私の結論は、副業でやるにはYouTube動画による発信は負荷が大きいので、ある程度、事業が軌道に乗ってきたら外注を含めて行っていくのがいいのでは、ということです。

ただし、好きなこと、得意なことが動画制作などYouTubeに関わる業務であれば、楽しみながら積極的に行っていくべきでしょう。それ以外の人には、なかなかハードルが高いのがYouTube動画による発信です。

これからの注目すべき情報発信ツールは「音声配信」

お世話になっている研修会社の管理職の方からアドバイスをいただき、2023年2月に私が新たにスタートしたのが、音声配信の「stand.fm」です。普段から私の講演や研修を事務局としてよく聞いていただいている方が、「大杉さんは声が聞きやすくてよく通るからラジオ向き。音声配信をやってみたら?」と声をかけていただきました。そういえば、YouTubeチャンネルを立ち上げて動画の配信を始めたころ、画面上に何の工夫もなく、ひたすら話をする私の顔が映っている動画だったのですが、「大杉さんの顔を10分以上、ずっと見ていたい人などだれもいない」とYouTubeの師匠に言われていました。それからは、文字やグラフなどのキャプションを入れる編集を始めたのですが、これがかなり手間のかかる作業なのです。

それならいっそのこと、声だけで勝負する方が楽だし、話す「中味」がより大切になると思い、「意外と音声配信は向いているかも」と思って始めてみました。

実際に私の「声」はよく通る声で、オンライン研修やオンライン講演では、ありがたいことに「聞きやすい」という評価をいただいています。もともとオフィスで内緒の電話ができないくらい、電話をしていてもフロア中に声が響き渡ります。思い返すと、この「声」はおそらく遺伝です。もう70年以上も前の話ですが、現在90歳の母親の職業は、「はとバス」のガイドでした。母は結婚退職後も、地元の国立市で、よく選挙のウグイス嬢のアルバイトをしていました。そのくらい「よく通る声」だったのです。

音声配信は、アメリカではだいぶ前から注目されていて、ポッドキャストでは質の高い配信が数多くあり、ピューリッツァー賞を受賞する番組まで登場しています。人気のポッドキャスターはかなりの高収入だと言われています。

日本でも「Voicy」で配信しているビジネス書作家やインフルエンサーがかなり出てきました。私が音声配信プラットフォームとして「stand.fm」を選択したのは、とにかく配信が手軽にできるからです。スマートフォン1台で、かなりクリアな音声を配信できて、編集も簡単。自分のラジオ番組を持って自由に配信できる魅力にすぐに取りつかれました。「stand.fm」のもう1つの魅力は、配信者とリスナーが一体になっていること。だれでもアプリをダウンロードした、その瞬間から手軽に配信ができるのです。

もちろん「聴き専」と言って、聴くのが専門で配信しないリスナーもいますが、多くのユーザーが配信者兼リスナーなので、コミュニティが温かい雰囲気なのです。

実際に、副業をしながらその情報を発信している配信者は多くいます。フリーランスなど起業している配信者も多く、何らかのビジネスに関連する情報発信も多くて刺激を受けます。私自身は、「大杉潤の出版応援ラジオ」という番組を持って、毎日配信していますが、驚くほど多くのリスナーに聴いていただいています。アナリティクスという配信ごとの再生数の分析ツールも充実していて、スマホだけで簡単に確認ができます。

詩の朗読コミュニティやAudible Kindle作家も誕生！

音声配信はスマホ1台だけで配信ができる手軽さがあり、毎日配信を継続することで副業を立ち上げている会社員や主婦が数多くいます。画像がない音声だけのラジオという発信媒体は、「声」や「話し方」に人柄が反映されて、人間性や温かみなどがリアルに会話するよりも伝わってくる面があります。

「ここいまポエム」という自分の揺れ動く心情を言葉にする詩の創作を毎週行って、その新作が「朗読会声の散歩道」という「stand.fm」内のコミュニティで繰り返し朗読されるようになりました。本章の最後にインタビューを掲載している、ここいま氏は会社員として飛躍を期して単身赴任した転勤先で挫折を味わい、体調を崩し1年3

か月の休職、復帰することができずに退職、そして転職をした苦しい経験を経て、詩の創作活動を始めました。Ｗｅｂサイト上に発表した「ここいまポエム」という詩の作品集を音声配信「stand.fm」内では「朗読フリー」と宣言すると、詩の内容に共感するリスナーが次々に現れて朗読を始めます。その朗読配信を聴いたほかのリスナーがまた配信者となって「ここいまポエム」を朗読するという連鎖が起こりました。何人かの「詩の朗読」配信をたまたま私も聴いて、「いったいこれは何なのだろう？」と興味を惹かれました。「幸せになっていい」など、人気の詩はさまざまな配信者が繰り返し朗読しています。そうして、毎週日曜日に開催されている「朗読会声の散歩道」という「stand.fm」内での配信イベントでは、ここいまポエムファンが増えていきました。このほかにも同じ日に楽器演奏や歌を配信する音楽イベントや、スピーチイベントなど、音声配信という情報発信ツールを通して、配信者とリスナーが一体となっていくファンのコミュニティが副業などのビジネスを立ち上げていく推進力になっています。

ここいま氏は、先日、2年以上にわたる配信の実績とファンを巻き込んだ活動が評価されて、「stand.fm パートナープログラム（ＳＰＰ）」という収益化プログラム配信者として認定されました（今後は希望するすべての配信者に収益化プログラムが付与される方向になります）。音声配信の再生時間に応じた収益を受け取る権利を獲得。そのほかにメンバーシップ機能という月額課金の有料配信をする、音声コンテンツ販売をするといった収益化の道が配信者には開かれています。アメリカのポッドキャストに比べて、日本の音声配信による収益はまだまだ小さな市場ですが、今後大きく伸びていく可能性を秘めているでしょう。

もうひとり、本章の最後にインタビューを掲載している飛《ひ》立《だて》未《み》鳥《どり》氏も音声配信「stand.fm」での配信を軸に副業のビジネスを立ち上げるユニークな活動をしています。飛立氏はもともと言語聴覚士として病院勤務をしていましたが、子育てをしながら職場での激しい環境変化にうまく適応できず、家庭との板挟みの中で心身の不調から退職を余儀なくされました。うつ病で休職、休職中に自分が体験したことを活かす方法はないかと模索していく中で、Kindle本の出版を思い付きます。世の中の自分と同じような状況の人たちに貢献できるのではないかと考え、37歳で初のKindle出版を実現。出版したKindle本を多くの人に読んでもらいたい、という思いから「stand.fm」による情報発信を始めました。音声配信を始めてみたら意外と楽しく、人とのつながり、思考の整理、自分を鼓舞できるという効果を実感、その後の連続したKindle出版を行う原動力になっています。39歳の時に、もともと言語聴覚士として「言葉」に対する思い、関心が強かったことからKindle本のAudible配信（読み上げ配信）を開始、ほかのKindle出版した人のAudible代行（読み上げ代行）の仕事も始めました。

飛立氏の強みは行動力。その後、休職していた病院は退職することになりましたが、副業で始めていたKindle出版やAudible代行を家事や子育てをしながら続け、２０２３年9月現在までにKindle本を計32冊出版、そのうちAudible版が6冊、ほかのKindle本著者のAudible代行11冊まで実績を積み上げています。

現在は、Audible代行のスキルアップのために朗読講座にも通い、本格的な事業への飛躍を模索しています。こうした行動の原動力になっているのが毎日配信している「stand.fm」でのファンの存在です。最近は、公式Ｗｅｂサイトも開設して、音声配信する内容をブログ記事にして公開し、ブログと音声配信を連動させる試みを行っていて好評です。飛立氏が言うには、人には「視覚優位」のタイプと「聴覚優位」のタイプがいて、ブログだけを読む、音声配信だけを聴くというインプットよりも、文字と音声を同時にインプットすることで、理解が深まる効果が大きいということです。

飛立未鳥氏が毎日配信している番組は、「このチャンネルは文字と音声であなたを癒すAudible Kindle作家、飛立未鳥のスタエフ配信チャンネルです」というオープニングから始まります。軽快なトークと切れ味の鋭いブログ記事が人気で、配信には毎日、多くのファンからのコメントが入っています。

森田 創氏

首都圏副業人材と地方企業のマッチング

森田 創《そう》ー49歳

1974年神奈川県生まれ。東京大学教養学部卒業後、東京急行電鉄株式会社（現・東急）に入社。海外事業、社内ベンチャー制度によるフィルムコミッション事業立ち上げ、都心駅直結のミュージカル劇場の開業責任者、広報課長を経て、2019年4月日本初の観光型MaaS（「Mobility as a Service」の略。鉄道・バス・タクシーなど従来の交通手段やサービスを1つに結びつけ、AIや自動運転などの最新テクノロジーを組み合わせた次世代の交通サービス）を伊豆で立ち上げる。

2021年に合同会社うさぎ企画を設立。独立後の翌年から、複数の行政や企業で顧問を務めるほか、コワーキングスペースの企画・運営、スタートアップ支援、モビリティ実験を通じた地方創生プロジェクトを、東京都や静岡県などで手掛けている。

小さいころから好きだったこと、学生時代の専門は何だったのですか？

もともと考古学に興味があり、歴史的なものを調べることが好きでした。ずっと野球をやっていてピッチャーだったのですが、ヒジを痛めたので大学ではアメフト部に入りました。スポーツよりは地理、とくに人文地理といって土地ごとの背景などを調べることに興味があり、大学でも専攻しました。それが今の地方創生の仕事に意欲を持って取り組んでいる理由になっているかもしれません。最初の仕事で東急を選んだのは、鉄道を起点にした街づくりの仕事にやりがいを感じたため。グループ500社で街づくりに取り組むダイナミズムに惹かれました。実際に入社して、希望通り、オーストラリアのパースでの街づくりの仕事を担当し、やりがいを感じました。

会社員として担当した業務で、どのような点が今の活動につながっているのでしょうか？

入社3年目で社内ベンチャーの公募に応募して採用されたり、渋谷ヒカリエのミュージカル劇場の立ち上げで担当した仕事は、地方都市でさまざまなイベントを企画する際に役立っていると感じます。どちらかといえば、現場でゼロから何かを立ち上げていく仕事が好きだったので、本社の広報課長へ異動の通知があった時は「会社を辞めたい」と思うくらい落ち込みました。ただ、性格的に逃げ出すことや、異動が嫌で辞めることはしたくなかったので、ともかく着任してやるだけのことはやってからというつもりで広報の仕事をしました。

広報課長を4年間務めて、新規事業プロジェクトの責任者として、まだ日本で実例のなかったＭａａＳを好きなエリアで立ち上げろということになり、もともと注目していた伊豆半島を選んで実証実験を行ったことが、大きな転機になりました。想定もしなかったコロナ禍での難しさに直面し、さまざまな困難もありましたが、すべてが貴重な経験になり、行政との連携や街づくりの面白さも改めて知ることができました。

伊豆の地元経営者と首都圏副業人材とのマッチングプロジェクトを2回実施して大きな成果を上げられたそうですが、うまくいった要因は何ですか？

もともと地元企業の経営者はどんなことに困っていて、どんな人材のニーズがあるかをしっかりリサーチしていたことです。ITに強い若い人材は地元には少なく、でもWebマーケティングなどで課題を抱えている企業が多いのです。実際にできる人材を雇用しようとすれば、そもそも年収などの雇用条件が合わないし、物理的な距離の問題もあってなかなか来てくれる人材もいない。ところが、副業人材という形なら、首都圏にスキルを持った人は多くいて、コロナ禍でリモートワークが広がったのと、副業を解禁する企業も徐々に増えてきたので、マッチングの可能性が高まりました。

2回の合宿制プロジェクトを通して、地元の参加企業17社中14社が首都圏副業人材の活用を決め、実際に仕事をして成果を上げています。行政もさまざまな形で地元企業の支援や移住促進の取り組みなどを行っていますが、地元の良いところを言語化してPRすることがなかなかできていないのが課題です。やはり、情報発信をしていかないと、首都圏から離れた場所で働こうというふうにはなりません。

副業を始めて成功する会社員と、やりたくても一歩を踏み出せない会社員の違いは、どこにあると感じていますか?

1つには性格が大きい要因と言えるでしょう。「副業」というハードルを高く捉えてしまう会社員が多い気がします。実は、「業務DX化に向けて、スマホの使い方をシニア社員にわかりやすく教えてほしい」など、首都圏の会社員から見たら当たり前とも思えるスキルを高く評価する地方経営者も多いのです。相手が求めていること、ニーズを引き出すコミュニケーション能力があれば、あとは「試してみよう」という踏み出す力さえあれば、会社とは違う自分を活かして、副業に取り組むことは難しくないように思います。

どうしても大企業の社員は、「日常を大過なく過ごそう」というマインドセット、生き方になっている人が多いので、社内の企業文化を変えていくことも大切でしょう。副業を解禁して制度を作っても、申請する社員が少ないのは、心理的安全性が低いからではないでしょうか。たとえば、社内の査定に響くのではないかと感じたらだれも副業の申請をしなくなってしまいます。

森田さん自身は、東急に勤務している時から副業を行っていましたが、どういうマインドを持って踏み出せたのでしょうか?

大切なのは「自分の中のスキルを見つける」という心構えだと思います。リスキリングということが盛んに言われますが、新しい資格を取得したり、学び直しに行ったりすることよりも、むしろ「自分の中にあるスキル」に気づくことが重要です。それは、会社の中にいるだけではわからず、外に出て行って、外部の人に触れることでわかっていくものだと私は思っています。

森田さんは、2022年に会社を退職して、副業から独立事業者に移行されましたが、これから目指す事業の方向性をお聞かせください。

これまでの経験を活かして、「人づくり」「足づくり」「場づくり」を3本柱として事業を展開していきます。具体的には、都心へのアクセスのよい三島(静岡県)に拠点を置きながら、首都圏からの関係人口を定着させる「人づくり」と、移動手段を整えて広域交流を促す「足づくり」、そして関係人口と地元住民との交流拠点をつくる「場づくり」を、静岡県内外で行っています。交通とコミュニティを組み合わせた地域活性化が推進できる人材は国内にそうはいないことがわかったので、その強みを活かして全国で活躍することが第一歩です。来年度からは、日本以上のスピードで少子高齢化や移動制約が進む海外での事業展開も視野に入れています。

ここいま氏

音声配信で創作ポエムの朗読を広げてビジネスに

ここいま - 40代前半

2020年12月に活動開始。活動内容はポエム、エッセイ、ブログの執筆と音声配信。

音声配信「stand.fm」パートナープログラム（SPP）。

新卒で正社員入社した会社で、販売の仕事で店長として実績を上げ、本部へ転勤となったが環境に適応できずに1年3か月間の休職を経て退職。休職中から今の気持ちを「3行日記」として書き始めたことからポエムの創作に興味を持って副業として活動を開始。会社を退職後も活動を続け、現在は転職して別の販売の仕事をしながら副業として活動を継続中。

小さいころから好きだったこと、学生時代の専門は何だったのですか？

幼稚園のころから作文や日記をつけることが好きでした。文章が人の心を動かしたり癒しになったりすることは物心ついた時から理解していたため、意図して作文を書いて力試しをすることもありました。幼稚園の卒園発表会で作文を披露したり、小学校2年生の時の日記が全校放送で読まれたり、高校生の時はエッセイコンテストで2回入賞したりといったエピソードがあります。大学は法学系の学部へ進学、生命倫理学に興味を持って、臓器移植法などを学びました。物事の本質を突き止めよう、なぜを追究して言語化しようという性格は、現在の創作活動でも役に立っている気がします。

最初の仕事を選択した経緯や副業を始めた理由は？

単なるモノ売りではなく、お客さまとコミュニケーションを取る中で、自分の知識やアドバイスが役に立ち、モノの購入を通してお客さまの心が豊かになるといった仕事ができる眼鏡販売会社に出会い、販売の仕事を中心にその会社で15年間お世話になりました。店長として販売実績を上げたので、希望が叶って本部へ異動、単身赴任でマーケティングの仕事をすることになりました。これまでの接客を中心とするＢｔｏＣの仕事からＢｔｏＢの仕事に変わり、うまく交渉などができずに悩み、病気で心療内科に通院することになりました。やがて出勤ができなくなって1年3か月の休職となり、そのまま回復、復帰が叶わず、退職することになったんです。

副業を始めたきっかけや自分に合った副業をどのように見つけたのですか？

体調が回復した段階でパートタイムにて接客・販売の仕事を始めたのですが、前職の正社員としての給与との格差に驚愕しました。もっと稼ぎたいと思うものの、この状況では先が見えず、組織に頼らない働き方はないものだろうかと思ったのが副業を考えたきっかけです。最初は、ＳＮＳやYouTubeを見てＷｅｂライターの勉強をしていましたが、書きたいことが書けないことに違和感があって「副業なんて無理かな」と諦めかけていました。

そんな時に、音声配信アプリの「stand.fm」で収益チャンネル申請ができて、メンバーシップ配信で毎月１５００円を支払って視聴してくださる方がいたり、ギフトをくださる方がいたりして、組織に頼らない働き方の糸口が見えてきた気がしたのです。今はまだ、明確な収益化の道筋が見えているわけではありませんが、休職中に自分の心境を書いていた「3行日記」をポエムの形にして、その時の自分の気持ちや考えていたことなどを言語化する創作活動を始めました。創作した作品を「ここいまポエム」としてＷｅｂサイトで公開、同時に音声配信「stand.fm」にて、「朗読フリー」と宣言して、ここいまポエムの作品や活動に共感してくれる配信者の方々が、気に入った作品を朗読してくださるようになり、「ここいまポエム」ファンのコミュニティが自然とできていきました。現在は、本業の接客・販売業を1日7〜8時間と家事をこなした上で、副業にも取り組んでいるので、時間の捻出に苦労しています。

「ここいまポエム」の今後の事業展開や将来の人生設計はどのように考えていますか？

まずは健康でいることが大切だと痛感しているので、食事・睡眠・運動と基本的なことを40代のうちから習慣化してストレスが生じないように努めています。その上で、音声配信は、外出が困難な人（物理的・精神的に）でも自宅にいながら人と気軽につながれることや、心理的に近い人とのコミュニケーションが声だけで取れることが魅力なので、将来的にさらに伸びていくと思っています。そうした中で、自分の配信が「病院に行くほどでもないがしんどい」という方のお役に立てればという思いがあります。

私はまだ副業を始めたばかりですが、今では副業なしでは毎日に彩りがないように感じています。自分の好きなことや得意なことがだれかのお役に立てる喜びを実感できること、会社の看板を背負っていなくてもできるということは、本当にやりがいがあります。私は「ここいまポエム」をもっと世に出していきたいという強い気持ちを持っています。ポエムを創作する私は「生産者」ですが、音声配信で朗読してくださる配信者のみなさんは「料理人」という関係で、一緒に「ここいまポエム」を世の中に広げていけたら本当に嬉しいです。現在、私の新作ポエムをファンの人が朗読してくれる「朗読会声の散歩道」というイベントが毎週日曜日に開催されていて、主催してくれているファンの方には心から感謝しています。

副業のレベルとしては、まずは年間20万円を超えて確定申告をする規模を目指します。月に1～2万円ですが、だんだんと育てていければと思います。「ここいま」というニックネームは、マインドフルネスの「いまここにいます」から来たものですが、自分が好きで得意な「ポエム」×「音声配信」×「20年の接客販売」という掛け合わせで、オンリーワンの差別化した活動になればと思い、「毎日〝1ミリ〟は頑張る時」と思って活動を続けています。

Interview

飛立未鳥氏

音声配信からAudible Kindle作家に

飛立未鳥《ひだてみどり》 - 41歳

2004年専門学校を卒業して、言語聴覚士として病院に入職。専門は、成人の失語症、高次脳機能障害、摂食嚥下障害。

最初の病院勤務時に結婚して産休・育休を経て転職。2つ目の病院でうつ病のため休職を余儀なくされ、退職。パートで3つ目の病院に勤務しながらKindle本を出版する活動を開始。Kindle本をPRするため音声配信「stand.fm」にて配信を開始、Kindle本のAudible配信にチャレンジして、著書6冊をAudible化。さらに、ほかの著者のKindle本のAudible代行にも着手。自身のKindle本出版は累計32冊（うち6冊がAudible化）となっている。

小さいころから好きだったこと、学生時代の専門は何だったのですか？

歌を歌うこと、音楽を聴くことが好きでした。カラオケも好きですが、アカペラを聴くのも好きで、人の声に興味があります。そのほか、本やマンガ、ドラマを観る、人の世話を焼くのが昔から好きでした。よく友達と交換日記や手紙のやり取りをしていた思い出があります。

最初の仕事を選択した経緯や副業を始めた理由は?

母親が看護師で、小さいころから「手に職を付けるように」と言われて育ちました。医療系に興味はあったものの、事故でけがをするなどの現場を見るのは苦手で、看護師は目指さず、たまたま講演を聞いた手話通訳士の丸山浩路先生の話に共感、ドラマ『愛していると言ってくれ』がヒットしていて大好きだったこともあり、「耳の不自由な人の役に立つ仕事がしたい」と思うようになりました。

予備校時代に、いろいろな医療系の仕事がある中で、言語聴覚士と音楽療法士の仕事に興味が湧いて、楽器は何も弾けなかったことから音楽療法士よりも、国家資格である言語聴覚士を目指すことにしました。

副業を始めたきっかけや自分に合った副業をどのように見つけたのですか？

正社員で働いていたものの、うつ病になって退職する結果となったため、①お金が欲しい、②このままで終わりたくない、という2つの気持ちを強く持つようになり、「うつ病になった自分の経験を活かしてどこかのだれかの役に立ちたい」「そうすれば自分のことを負け犬だと思わないで済むのではないか」と思うようになりました。

人の役に立つ方法をいろいろ考えた時に、Kindle出版という方法があることを知り、これなら自分でもお金をかけずにできるのではないかと感じて、とにかく本を書きたいと思うようになりました。もともと本を書いてみたいという気持ちがあり、好きなことや得意なことで副業にチャレンジできて良かったと思っています。本業で神経をすり減らしている上に、さらに副業でもストレスを溜めることはお勧めできません。

副業で困ったことや苦労したことと、その克服法は？

本を書くこと自体は好きだったし、困ることはなかったのですが、パソコン操作などは苦手だったので得意な友人に助けてもらって切り抜けてきました。Kindle作家同士のコミュニティがあって、お互いに表面的にレビューを書くなど応援し合う場がありましたが、真に応援するということではなくて溶け込めず、結果として出版した本を売ることには苦労しました。でも、八方美人はやめて、普段からしっかりとつながっている人との関係を大切にしたいという思いで活動しています。

現在の副業の収入をアップさせて、いずれ独立起業するレベルに持っていきたいという思いで行っていることは次の7つの行動です。

1 Kindle とAudible
2 公式サイトの開設
3 ブログの執筆（記事の積み上げ）
4 夢を書き出す、見失わない
5 書きたい内容を思い付いた時には徹底的に深掘りしていく
6 メモ帳を持ち歩き、思い付いたらすぐにメモを取る

7 一 音声配信「stand.fm」の毎日配信

とくに「stand.fm」は、人とのつながりを大事にする、思考を整理する、自分を鼓舞する、トーク力を向上させる、楽しむ、飛立未鳥を知ってもらう、情報収集するという目的で力を入れて、毎日、配信や視聴に時間を使っています。

今後、副業で食べていくために必要なこと、大切なことは？

自分の信念や軸をしっかりと持って、そこをブレさせないこと。自分を信じて諦めないこと。無理をしすぎないで楽しむこと、ストレスにしないこと。副業をやりたいのに踏み出せない人は、あれこれ考えてしまって行動しないのではないでしょうか。「まず、やってみる」というスタンスが大事だと思います。Kindle本を出版すれば、作り上げた達成感があり、それが自己肯定感を高めてくれる。まずは行動してみることが副業には大事だと感じています。

Chap.4 Point

◎情報ビジネスの市場規模は無限大で、副業初心者でもクラウドソーシングのマッチングを行うプラットフォームへの登録で、気軽に始めることができる

◎ビジネスの基本は、「顧客の問題解決」だが、手軽さと心身の健康がキーワード

◎首都圏副業人材の活用が地方創生の切り札になる

◎情報ビジネスの肝は「情報発信」で、ストック型メディアであるブログは「人生の母艦」になる最も有効なツール

◎YouTubeは最強のストック型メディアだが、発信の負荷が大きいのがネック

◎これからの注目すべき情報発信ツールは「音声配信」

◎音声配信ツールからは、詩の朗読コミュニティやAudible Kindle作家も誕生している

第5章

副業や節税で得た資金を積立投資で着実に増やす

投資は「副業」のターボ・エンジン

会社員として雇われる働き方にやりがいを感じられない、将来がイメージできない、人間関係のストレスに耐えられないという理由で、「投資で一攫千金を！」という方向に進む人がいます。株式投資、FX（外国為替証拠金）取引や仮想通貨への投資で大きな資産を作って「億り人《びと》」（1億円の資産を作った人）になったという話を聞いて、「自分にもできるのでは」と考えて、投資を副業にしようと行動する人はかなりいるのではないでしょうか。昨今は、FIRE（Financial Independent, Retire Early）がブームのようになっていて、「投資で一攫千金」は合言葉にもなっています。

私の考えは、ズバリ、こういう話は現実にあるかもしれませんが、「再現性がない」ということです。1万人にひとりか、10万人にひとりか、もしかしたら100万人にひとりくらいの、ごくごく例外的な成功談で、すべてが嘘とは言いませんが、あなたが再現できる可能性はほとんどゼロでしょう。本当に例外的な成功者の陰で、同じチャレンジをして全財産を失ったとか、借金まで抱え込んでしまったとか、投資詐欺に遭ったという人の数の方が圧倒的に多いと思います。私は、メガバンクで新卒から22年間、金融の仕事をしてきたので、投資で資産形成に成功する人がどういう人かはよくわかっています。それ以上に、退職金の全額をつぎ込んで投資をし、資産を半分にしてしまった、3分の1にしてしまったという例を嫌というほど見てきました。

そういう立場から言わせてもらうと、投資そのものを副業とするのではなく、副業や節税によって稼いだお金を、投資によって着実に増やすというスタンスが資産形成に成功するコツです。つまり、投資を「副業」のターボ・エンジンにして、資産形成を加速させていくのです。こういう考え方であれば、投資はぜひやった方がいいものです。というか、「老後資金を作っていくには投資が必須である」と私は考えて、自ら実践もしています。

もともと投資というものは、余裕資金でやるもので、なけなしのお金や生活資金、教育資金などを使って行うものではありません。リスクのない投資にリターンは少なく、元本が保障されていていてリスクがないのに、ものすごく利回りが高い投資商品があったとすれば、それは間違いなく詐欺でしょう。お金に余裕がなくなると、手っ取り早く増やしたいという欲に付け込まれて、大切なお金を逆に失ってしまうといった詐欺の餌食になりかねません。投資を副業にするのではなく、副業で稼いだ余裕資金を元手にして、投資でそれを増やしていくという発想で投資に向き合いましょう。

では具体的にどうすればいいか。私のお勧めは、会社員としての本業や副業の活動の妨げにならない手間と時間配分でできる投資法です。結論からいうと、「ほったらかし投資」。何もやらずにほったらかしておくと自動的に投資ができて資産が増えていく投資法のことで、要するに「積立投資」です。

これは昔から言われている投資法で、多くの人がこの方法で資産形成をしている、だれにでもできる「再現性のある方法」なのです。古くは、本多静六《せいろく》の「4分の1天引き貯蓄・投資法」が有名です。1866年生まれの東京帝国大学教授、日本初の林学博士、明治神宮や水戸・偕楽園などを造った「国立公園の生みの親」と呼ばれる人で、25歳で積立投資を始めて、40歳で株の配当収入が給料を超え、60歳定年退職時に、現在の時価で100億円の寄付をしたことで知られています。

これと基本的に同じ投資法を勧めているビジネス書は多く、たとえば、勝間和代著**『お金は銀行に預けるな』（光文社新書）**や水瀬ケンイチ著**『お金は寝かせて増やしな**

さい』（フォレスト出版）はいずれもベストセラーとなり、この通りに積立投資を実践している人はかなりの資産を形成しているはずです。水瀬ケンイチ氏と山崎元《はじめ》氏の共著**『【全面改訂第3版】ほったらかし投資術』（朝日新書）**にも同じ投資法が書いてあって、新しい本ならこれがお勧めです。

私はこれらの本を読んで、それぞれのいいところを組み合わせ、さらに、私なりの時代の潮流予測を加味して、投資法を確立して実践しています。私の場合は、会社員時代には優先順位の第1位が「子ども2人の教育資金」だったので、残念ながら積立投資で資産形成ができませんでした。ただ、子どもが社会人になるタイミングで、独立起業していたので、そこから老後資金作りとして積立投資を実践してきたのです。

外貨建てインデックス投信の積立投資を基本戦略に

投資の大原則として、「長期・分散・積立」の3つを基本にすべきだと私は考えています。そして、もう1つ大切な原則が、「手数料の安い商品」に投資するということ。

私が2021年に出版した**『定年ひとり起業マネー編』（自由国民社）**では、老後資金の作り方、年金制度の将来展望、投資法などについて書いたのですが、最も反響が大きかったのは「銀行が勧める投資商品がダメな理由」という第3章でした。

なぜ、銀行が勧める投資商品がダメかといえば、ズバリ、「手数料の高い商品」を勧めてくるからです。冷静に考えてみればよくわかることですが、銀行は投資商品を販売する手数料収入をビジネスとしており、そもそも手数料は安い方がいい顧客とは利益相反の関係にあります。高い手数料よりも運用のパフォーマンスが良ければ、顧客にとってもプラスになるからいいじゃないか、という意見もあると思います。窓口の銀行担当者もそう説明しますが、そもそも高い手数料を上回るパフォーマンスを上げられる投資商品はごくわずかしかないのです。手数料を引いたら元本割れする商品があまりにも多かったというのがこれまでの実績で、だから知らないうちに退職金で投資した商品で元本が半分になったり3分の1になったりした人が続出しました。

投資商品としては、証券会社では個別の株式への投資を勧めますが、銀行では投資信託を勧めることが多く、ほかに外貨預金、保険商品や仕組債などですが、共通するのは手数料の高い商品ばかりです。そもそも販売担当者に手数料収入のノルマ（行内では目標という言い方）があるので、手数料の安い商品を勧めるはずがありません。

私が勧めるのは、手数料のできるだけ安い投資信託。それはインデックス投信といって、株式の指数に連動する投資信託で「パッシブ投信」と言われるカテゴリーに入ります。反対が「アクティブ投信」で、こちらは株式の銘柄選定などの目利きができるファンドマネージャーが行うという触れ込みで、株式銘柄の調査分析コストや高額年収のファンドマネージャーへの報酬コストが手数料に含まれています。これだけのコストをかけて調査分析をした結果、インデックス投信のパフォーマンスに勝てるアクティブ投信はそもそも3割以下しかない、というのがこれまでの実績。日本よりずっと歴史や規模があるアメリカの株式市場での実績では、期間が長くなるほどインデックスに勝てる投信は少なくなっていきます。たまたま勝てる年があってもそれが長くは続かないというのがこれまでの結果です。勝てる投資信託を当てられる可能性は少ないし、当てられたとしてもずっと勝ち続けられるかどうかは保証の限りではありません。だったらインデックス投信を買っておいた方が間違いはない、となるわけです。アメリカ株式市場での実証分析を詳しく知りたい方は、バートン・マルキール著

『ウォール街のランダム・ウォーカー〈原著第13版〉』（日本経済新聞出版）およびチャールズ・エリス著**『敗者のゲーム［原著第8版］』（日本経済新聞出版）**をお読みください。どちらも長く読み継がれている名著です。

それと、私がもう1つこだわっているのは、外貨建て（ドル建て）のインデックス投信がいいということ。これは、第2章でも書いた通り、2050年に向けた中長期では円安ドル高の為替トレンドになると私が予測しているからです。これから追加で1億人の人口が増える世界トップの経済大国アメリカと2000万人以上人口が減って1億人を割り込む日本と、どちらの通貨の価値が上がるでしょうか、という話です。私の予測よりは早いタイミングと速度で円安トレンドになっていますが、もちろん今後も揺り戻しの波はあります。しかし、まだまだこの円安の潮流が続くと私は見ています。それでは、外貨建てインデックス投信の中で、どの商品にどうやって投資すればいいのかについて、次にお話ししていきます。

米国株S&P500インデックス投信を勧める理由

私が一押しで勧める外貨建てインデックス投信は米国株の指数に連動する投信です。ニューヨークダウやNASDAQも有名な米国株指数ですが、私がいいと思う指数はアメリカの代表的な大手企業500社からなる「S&P500」という米国株指数に連動する投資信託です。ただし、ここは意見が分かれます。「長期・分散・積立」という3原則の中で、「分散」の面で、米国株500銘柄に集中させてはリスクが高いのではないかという意見です。こちらの方が多数派かもしれません。たとえば、ヨーロッパ株や日本株を含めた「先進国株式」のインデックス投信もあります。人気があるのは、中国やインドなど新興国の株式指数も含めた世界株式インデックスという投信。「黙って世界の株式指数に投資しておけば最も分散してリスクがない」という意見です。一理あります。

では、なぜ私は世界株式インデックスではなく、米国株S&P500に集中させることを勧めるのか？　簡単にいうと、「ブランデーやカルピスをわざわざ薄めて飲むのですか？」ということです。米国株が下がる時は、日本株もヨーロッパ株も新興国の株もみんな下がります。世界中の株が下がる。アメリカが風邪をひけば、日本もヨーロッパも新興国もみんな風邪をひく。アメリカは風邪で済んだとしても、日本は肺炎になったり、ヨーロッパは長期入院になったり、新興国なんて死んでしまうかもしれません。分散になりません。逆はどうでしょう。アメリカ株は好調なのに、日本株だけ下がる、ヨーロッパ株だけ下がる、新興国株だけ下がる。これは頻繁に起こっていませんか？　日本株なんてここ30年、ずっとそうだったでしょう。そんなパフォーマンスの悪い株をわざわざ入れて分散させる意味はありますか、ということです。米国株は薄めないで、原液のまま飲んだ方がパフォーマンスを落とさなくて済みます。世界最大の経済規模、消費市場、軍事力、技術力を持つアメリカ経済や米国株式はこれから、少なくとも私が生きている30年くらいは、この地位が揺らぐことはないでしょう。中国経済が成長しているという人がいるかもしれませんが、中国はこれから人口が激減し、日本以上に高齢化が加速していきます。中国は世界で初めて、先進国になる前に高齢化が始まった国です。中国の各種統計は信頼性に疑問があり、「もう人口も減っているし、経済成長率もマイナスになっているのでは」と言う人もいるくらいです。

私の考えた理由と同じかどうかはわかりませんが、まったく同じように「これからの投資は米国株S&P500インデックス投信に資金の9割を投資せよ」と言っている人がいます。世界一のパフォーマンスを上げ続けている投資家・ウォーレン・バフェット氏です。彼は、割安に放置されている優良株に集中投資して長期で保有し続けることで、世界No．1の投資家になりました。コカ・コーラやジレット（現在は、P&Gが買収）のようなブランド価値が高く長期にわたって消費者に支持され続ける優良な企業の株を割安になったタイミングで買って持ち続ける投資法です。最近では、アップル株への投資で大きく資産を増やしました。数年前に日本の総合商社の株を大量に買ったことを発表して私も驚きましたが、そのタイミングから商社株は3倍近くになっています。実は、バフェット氏の投資に乗っかって、トップの三菱商事株を買おうとして指値を入れたのですが、2500円より少し高いところまでしか下がらず、指値が10円高くて買いそびれてしまいました。三菱商事はその後、株価が7000円を超えて約3倍になっています（2023年9月1日現在）。わずかな金額をケチってはダメだという教訓と、やはりバフェット氏は92歳になってもその読みは衰えていないと思い知りました。バフェット氏が亡くなった後の投資先として、遺族となる身内に残した遺言が、「投資資金の9割は米国株S&P500インデックス投信に投資せよ」なのです。

では、具体的に私の投資ポートフォリオがどうなっているかですが、投資資金の9割を米国株S&P500インデックス投信にしています。ただし、1社の投信に集中させているのではなく、手数料の引き下げ競争をして手数料を最安値近辺に設定している4社の投信に分散させています。具体的には次の4銘柄です。

1―eMAXIS Slim 米国株S&P500　信託報酬率0・09372%
2―SBI・V・S&P500インデックス　信託報酬率0・0938%
3―ニッセイ外国株式インデックス・ファンド　信託報酬率0・09889%
4―楽天・全米株式インデックス・ファンド　信託報酬率0・132%

この4本の投信は、買う時の手数料がゼロ（ノーロード投信と言います）で、換金する時の手数料もゼロ。保有期間中にかかる手数料のみで、これを信託報酬率と言います。右に表示した信託報酬率は、2023年8月28日現在の料率で、これは時々変更されます。**ニッセイ外国株式インデックス・ファンドと楽天・全米株式インデックス・ファンド**は、厳密には米国S&P500以外の銘柄も入っているファンドですが、手数料が低いので注目して投資しています。この4社は手数料の引き下げ競争をしていて、どこがいちばん低い手数料になるか、時々刻々変動するため、私は4社に分散して投資しています。財産額という数字で比較すると、どの投資信託が多くの投資資金を集めているかがわかります。その動きも人気のバロメーターなのでチェックしておいた方がいいでしょう。今のところ、「**e MAXIS Slim 米国株S&P500**」がいちばん人気で、三菱UFJ国際投信の**e MAXIS Slim シリーズの投資信託**が「手数料最安値宣言」をしているので、私は注目していて、最も多くの投資資金を配分しています。

この4本が私のお勧めですが、投資は自己責任でお願いします。そのほか、私は「先進国株式インデックス」「世界株式インデックス」「新興国株式インデックス」「8資産均等型投信」などを少しずつ積立で買っています。「8資産均等型投信」というのは、日本、先進国、新興国のそれぞれ、株式・債券・不動産（リート、新興国はなし）に均等に分散して投資する投資信託です。最もおいしい米国株を薄めまくっている投信なので私はお勧めしませんが、強く推奨するプロがいるので、勉強とチェックのため少しだけ買っています。結果はやはり米国株S&P500投信に比べ、かなりパフォーマンスが落ちる実績となっています。

絶対に外してはいけない「複利運用」

もう1つ、絶対に外してはいけない投資原則として、「複利運用」というのがあります。これは、配当を元本に組み入れて複利で運用すること。長期・積立の投資では、手数料の安さと並んで、複利運用かどうかがパフォーマンスに大きく影響します。

相対性理論を打ち立てた天才物理学者のアインシュタインは、「複利は人類最大の発明だ。知っている人は複利で稼ぎ、知らない人は利息を払う」という名言を残しています。それくらい、昔から「複利の力」は語り継がれてきています。とくに長期で資産形成をしていく場合、「複利の力」を活用することは外せないポイントなのです。

昔、毎月配当を受け取れる投資信託が人気になったことがありました。現在の三菱UFJ国際投信が発売した「グローバル・ソブリン・オープン」（通称「グロソブ」）で、年金生活者にあまりに人気になったため、「お化けファンド」とも呼ばれていた投信です。年金の支給は2か月に1回、偶数月（2・4・6・8・10・12月）の15日となっているため、毎月給料をもらっていた会社員OBの年金生活者が、年金の振り込みがない奇数月を心もとなく感じていた心理にうまく合致してヒットしました。

世界の政府が発行する債券なので、元本割れのリスクが低く、債券の金利分を配当として出す商品でした。ところが、高金利ならいいのですが、信用の高い先進国の発行する債券は金利が低く、金利の高い新興国の債券は信用が低くなるため、先進国の債券が中心となって配当額に魅力がなくなり、徐々に人気がなくなってしまいました。

そのほかの毎月配当型の投資信託では、安定した配当を出すために元本を取り崩して配当を出す商品もあり、元本割れとなってしまいます。長期投資で資産形成するには、配当は元本に組み入れて再投資する「複利運用」がポイントで、そこは外さないようにした方がいいでしょう。先に挙げた米国株S&P500投信はすべて配当を再投資するタイプの複利運用をしている商品です。

投資でも事業でも「税を制する者」が勝ち残る

手数料の安い外貨建てインデックス投信（とくに米国株S&P500）に投資すること、複利で運用する投信に投資することに加えて、税金をどうコントロールするのかはとても重要です。副業でも起業でも事業所得が発生する場合には、税金の管理（タックス・コントロール）は最重要のテーマになります。基本スタンスは、「脱税はしないけど、できる限りの節税をする」ということ。

まず、投資に関する税金からです。私はずっと「つみたてNISA」の活用を勧めてきました。税制上は、iDeCo（個人型確定拠出年金）の方が積立金額全額が所得控除となるメリットもあって最も有利なのですが、老後のための年金という位置づけのため60歳までは換金できないという弱点があります。そこで、本来は20％（２０３７年末までは復興特別所得税が上乗せされて20・３１５％）の分離課税となるところ、金融所得（運用益）に課税されない「つみたてＮＩＳＡ」を推奨してきました。

実は、「つみたてＮＩＳＡ」は財務省、金融庁が理想としている欧米型の資産形成を実現できる制度で、長期・分散・積立の原則に沿った投資ができる仕組みになっています。毎月一定額を積立で買っていく投資法を、ドルコスト平均法と言いますが、欧米では昔から資産形成の王道として活用されてきました。欧米では昔から、普通の会社員が退職金を上回る資産を積立投資で形成しています。

ドルコスト平均法は、毎月一定の金額を投資するため、投資商品の価格が下がった時にはたくさん買えて、価格が上がった時には少ししか買えないという仕組みになり、購入価格が平準化される特徴があります。コツは株価が暴落した時も決して積立をやめないこと。淡々と、ほったらかしにして投資し続けるのです。そうすると暴落時に多く買った分の価格が戻った時に利益を生み、結果として安定したパフォーマンスを実現できます。手間がかからない、だれがやっても同じ結果が出る投資法なので、再現性があるのです。

「つみたてＮＩＳＡ」はこうした長期で一定額を積立投資する投資法を応援する制度になっていて、20年間の非課税枠を設定しました。２０１８年1月にスタートして年間40万円の非課税枠なので、累計８００万円の枠となります。毎月の投資額でいえば、3万３３３３円の積み立てとなります。この端数となるところが制度設計をした人のセンスのなさを感じさせる部分ですが、これも２０２４年1月からの新ＮＩＳＡ制度では、枠が大幅に拡大することによって改善されます。

またもう1つ、「つみたてＮＩＳＡ」が優れた制度である決定的な理由があります。それは、手数料の高い投資信託が排除されていることです。日本には現在、６０００本を超える投資信託が設定されているのですが、その中で、「つみたてＮＩＳＡ」で選択できる商品として認可されているのはわずか２００本程度で、手数料の安い商品だけに限定されているのです。たとえば、積み立てを前提とする制度なので、買う時の手数料がゼロのノーロード投信しか認められていません。したがって、「つみたてＮＩＳＡ」を活用して投資するのであれば、手数料の安い投資信託しか選びようがなくなり、大きな失敗を避けることができます。もちろん、２００本に絞り込まれた手数料の安い投資信託の中でも、先ほど紹介したように、選ぶべき商品はありますが、銀行員が勧めるような手数料の高い商品を買わなくて済むだけでもメリットがあると言えるでしょう。

新「つみたてNISA」で日本人の資産形成が変わる!

2024年1月から、この「つみたてNISA」の制度が大きく変わり、20年という時限立法ではなく、恒久的な制度になります。さらに非課税枠も今までの3倍、年間120万円（毎月10万円の積立）になるのです。これは画期的な制度変更で、日本人の資産形成が変わる歴史的なイベントになると私は考えています。これまで日本では個人の金融資産は圧倒的に預貯金が多く全体の54%を占め、株式と投資信託を合わせても16%にとどまっています。それに対して、アメリカでは株式と投資信託を合わせると5割を超え、それがアメリカの個人金融資産が2008年のリーマンショック以降、大きく増えた要因になっているのです。「貯蓄から投資へ」というキャッチフレーズは日本ではこれまで何度も呼びかけられてきましたが、個人の投資家は動きませんでした。しかし、2024年1月からの新「つみたてNISA」は、欧米型の理想的な資産形成を促す、財務省・金融庁が理想と考える制度になっているので、メディアの報道も相まって、日本人の資産形成スタイルを変えるインパクトを持つと私は予測しています。

2023年8月15日から日本経済新聞の朝刊1面で、「資産運用立国に挑む」という特集記事の連載が始まりました。新NISA制度によって日本の資産形成が変わり、経済成長の原動力になるというストーリーを描いた特集記事です。新NISAには、「つみたてNISA」のほかに、「成長投資枠」という非課税枠もあって、それも合わせるとひとり当たり合計1800万円の非課税枠を持てることになるのです。株式や投信の売却益は金融所得となって、20・315%の分離課税がなされることになっていますが、それが丸々非課税となるので、大きなインパクトがあるでしょう。

キャッシュが手元に残る節税スキームの活用

副業でも事業が拡大して、雑所得ではなく、事業所得が発生する規模になると、さまざまな節税スキームの活用が可能になります。フリーランスや小規模企業を支援するために、国がさまざまな税制上の特典を用意しています。ただ売上や利益を拡大することだけに邁進するのではなく、実質的にキャッシュが手元に残るように、節税スキームをできる限り活用していくのが、事業を長く続けていく秘訣です。フリーランスになると、売上が大きく伸びる月もあれば、ガクンと落ちたり、売上が上げられなかったりする月もあって、安定しないのが普通だからです。しっかり稼いだ時期に得られたキャッシュフローを使って、売上がない月の落ち込みをカバーできるよう、なるべく税金で現金が外へ出ていかないように管理することは、売上を上げることと同じくらい大切なことなのです。

フリーランス（個人事業主）や小規模企業を支援する節税スキームの中で、私がぜひ勧めたいのは、**「小規模企業共済」**です。これは、フリーランスや中小企業経営者のための退職金を、節税しながら準備できる仕組みで、節税効果もあって現金を残すのに最適です。雇われる働き方の会社員で、正社員には通常、退職金制度があり、とくに長い年月を1社で勤め上げた会社員は、老後資金として活用できるまとまった金額の退職金を得ることができます。ところがフリーランスや中小企業経営者の場合は、自分で自分の退職金を用意する必要があり、そのための支援として「小規模企業共済」というスキームができました。

具体的には、月額7万円を限度として、毎月退職金の原資を積み立てていくもので、積立金額の全額が所得控除となります（その分、所得が減少して、所得税の節税になります）。年間では、84万円分の節税枠ができると考えていいでしょう。ただし、「つみたてＮＩＳＡ」と違うのは、自分で運用商品を選ぶということはできず、中小企業基盤整備機構に積立金を預けて運用してもらう形になります。取り崩すのは原則として、事業をやめる時になり、積み立てた全額プラス運用益が退職金という扱いで、退職所得の優遇税制が受けられるのです。退職金が受け取れて優遇税制の対象にもなり、かつ、積み立てている時から所得控除も受けられて二重の意味で節税になるので、これを利用しない手はありません。私もフリーランスになって何とか事業が軌道に乗り始めた時から積み立てを始めました。やってみると、とてもメリットの大きい仕組みであると実感できます。

注意点としては、原則として事業をやめるタイミングでしか換金できないこと。退職金という位置づけなので仕方ないのですが、その時の運用期間が20年未満だった場合には元本割れとなる可能性があります。毎月払い（積み立て）のほかに年払い（1年前払い）の仕組みもあるので便利に使えます。

それから、事業をやめるタイミングでなくても現金化できる節税スキームもあります。私も起業してすぐにはこの仕組みを知らなかったので、最近活用を始めました。通称**「経営セーフティ共済」**（正式名**「中小企業倒産防止共済」**）といって、同じく中小企業基盤整備機構が運営しています。この商品は、フリーランスや中小企業の販売先（取引先）が倒産して代金回収ができなくなった時の保険として、掛け金を積み立てるという仕組みで、保険の掛け金の全額が経費として計上できます。こちらは、所得控除ではなく保険料なので経費として計上します。金額は月額20万円を限度として5000円から可能です。小規模企業共済と同じように年払いも可能です。実際に、取引先が倒産して代金回収ができなくなった場合には、掛け金の10倍までの借入ができます。年間240万円の掛け金が最高額ですが、掛け金累計額の限度が800万円となっています。もし、限度額いっぱいまで掛け金が溜まっていれば、その10倍の8000万円までの借入が可能になります。

実際の活用法としては、掛け金を積み立てた期間が40か月を超えると、共済を解約して解約金を受け取る時に、元本割れをしなくなります。そういう意味では、経費計上して節税をしながら行う貯蓄のような感覚で利用する中小事業者が多いのです。解約手当金を受け取った時には売上に計上することになるので、その年は所得税や法人税が増えることになりますが、売上が増えて儲かった時に掛け金を積み立てて節税しながら、売上が下がった時に解約すれば、売上高の波を平準化する効果があり、メリットが大きいのです。

私の場合は、「定年ひとり起業」という形で年齢が高くなってからスタートしたのですが、妻が社長の合同会社とフリーランス（個人事業主）の大杉潤という法人・個人の両方で、経営セーフティ共済を活用しています。計画としては、年齢的に事業を徐々に絞り込んで整理縮小のフェーズになって売上が減ったタイミングで解約し、売上を補填する使い方がいいかなと思っています。さらに、そこから数年で事業をやめる時には、小規模企業共済を解約して退職金を受け取るという形です。これを法人と個人で、時期をずらしながら順番に行っていけば、たとえ仕事がほとんどなくなったとしても、数年間は今とあまり変わらない事業規模が維持できて、ライフスタイルも変える必要がなくなります。そうこうしているうちに受給を繰り下げた年金を請求してもらえるようにすれば、そこで収入がまた増えます。最高75歳まで受給を繰り下げられるので、そこまでいけば通常65歳からもらう年金の1・84倍の金額がもらえます。

そう考えると、節税スキームを活用できる副業（事業所得の規模）やフリーランス、小規模ファミリーカンパニーの設立による起業は、会社員にはないメリットがかなりあります。同じ金額を稼ぐとすると、手元に残るお金は大きく増えるでしょう。

さらに応用編ですが、今後私が検討しているのは、ファミリーカンパニーの「旅費規程」です。これからハワイをはじめ海外でのセミナー事業、現地情報を発信する事業などを立ち上げようと考えているので、現地までの往復旅費が経費になるわけですが、実際に出張する人に日当を出すことが、旅費規程があれば可能になります。この日当は給与所得や役員報酬には入らないので、所得税の対象にならず、税金や社会保険料をかけずに現金を法人から個人へ移すことができます。法人の方では日当の支払は当然、経費計上ができます。たとえば、ハワイに30日間出張して、日当を1万円と規程で取り決めれば、月額30万円を所得税や社会保険料のコストをかけずに、法人から個人へ現金を移すことが可能です。これから顧問税理士に相談して検討しようと思っていますので、まだ決めたわけではないのですが、メリットがあるのではないかと思って研究しています。税制は頻繁に変更される上、タックス・コントロールは専門性が高いので、ここまで書いてきた節税スキームの活用は、ぜひ専門家である税理士と相談の上、進めてください。

「ゼロで死ぬ」人生設計は「資産活用」の技術がポイント

人生の全体像を見える化し、「トリプルキャリア」という考え方で長く働き続けて生涯現役のライフスタイルになると、できることがあります。それが、「ゼロで死ぬ」

という人生設計です。ビル・パーキンス氏が書いた『**DIE WITH ZERO 人生が豊かになりすぎる究極のルール**』**（ダイヤモンド社）**という本があり、資産形成ばかりを考えるのではなく、形成した資産を使い切ってこそ豊かな人生になると説く人生の指南書です。資産形成やそのための投資や節約に関する本は世の中に溢れていますが、資産を使い切って死ぬためのノウハウを書いた本はほとんどありません。そうした中で、2020年にこの本に出会って衝撃を受けました。確かに日本人は、死ぬ直前に資産額が最大になっている人が多く、それで果たして幸せな人生と言えるのでしょうか？　深く考えさせられる本でした。ずっと長く働き続けて、年金を繰り下げ受給して金額を増やすことができれば、資産を使い切って日々の生活を充実させるという選択がやりやすくなります。終身で受給できる増額された年金にプラスして、わずかでも働いて得た収入があれば、生活費の不安が消え、資産を取り崩して使うことに心の抵抗がなくなるからです。

ビル・パーキンス氏の本から3年を経て、2023年に日本人が書いたとてもいい本が出版されました。私も全面的に共感して自ら実践してみようと思わされた本。それは、野尻哲史《さとし》氏が書いた『**60代からの資産「使い切り」法**』**（日本経済新聞出版）**

という本です。野尻氏は、「老後2000万円問題」がメディアを騒がせることになった金融庁レポートを作った金融審議会市場ワーキンググループの委員を務められた専門家です。野尻氏によれば、今ある資産を有効に使っていくために必要なのは、「資産を取り崩しながら、同時にその寿命を延ばしていく」包括的なアプローチ、すなわち「資産活用」の技術だ、ということです。「資産活用」という言葉は、みなさんも聞きなれないと思いますが、この本では「退職後の生活の満足度を引き上げるため」の行動として、次のように定義しています。

1―生活費をコントロールすること
2―長く働くこと
3―年金を効率的に受け取ること
4―運用しながら資産を効率的に引き出すこと

以上のすべてを含む包括的なアイデアで、今ある資産の寿命を延ばす賢い「取り崩し」の技術が何より重要になる、と著者の野尻氏は述べています。

現役時代と定年退職後の生活では、お金に対する考え方が異なります。それぞれ次の式で表すことができます。

・〈現役時代〉勤労収入＝生活費＋貯蓄・資産形成
・〈退職後〉生活費＝勤労収入＋年金収入＋資産収入

つまり、退職後は、3つの収入の合計（これを「リタイアメント・インカム」という）で生活費をまかなうという考え方になります。3つの収入の中で、最も柔軟性のある「資産収入」をどう増やすかが退職後の生活にとって大切だ、というのがこの本の要旨です。

人生100年時代の全体像を俯瞰した時に、とくに60代からの資産「使い切り」法が大切なのですが、多くの人は将来の生活費が不安で、資産を適切に取り崩すことができず、生活費を切り詰める方に走ってしまうそうです。それで果たして豊かで幸せな人生といえるのでしょうか？　一方、勤労収入がずっと続いている、すなわち長く働き続けていたとすればどうでしょうか。年金にプラスして少しでも勤労収入があれば、資産収入をどうコントロールするかという判断が冷静にできるのではないかと思います。

この本で野尻氏が自らも実践しようとしている結論は、できるだけ資産寿命を延ばしながら豊かな生活を送っていくために、資産の取り崩しは、たとえば年4%引き出しなど「定率引き出し」を原則とし、人生の最終段階(80歳になってから)では「定額引き出し」に切り替えるということです。何歳まで生きるかはだれにもわからないため、最初から「定額引き出し」をするのは危険なのです。100歳から遡る「逆算の資産準備」の考え方というのが紹介されていて、80歳からの20年間は「公的年金のほかに毎月10万円ずつ資産を引き出して生活費に充てたい」と計画すると、80歳の時点で2400万円=10万円×12か月×20年)あれば、預金に金利が付かないとしても、この計画が達成できることになります。次に、80歳で2400万円を残す計画ですが、資産運用を続けていることを前提にして、65歳から80歳までの15年間は、「毎年3%で運用して、資産残高の4%を引き出す」ことを想定すれば、65歳時点で2800万円の資産があればいい、ということです。野尻哲史氏の本では、169ページにわかりやすい図も掲載されています。私が驚いたのは、資産運用を続けながら、定率引き出しを行うことで「収益率配列のリスク」を避けることができ、資産を減らさずに引き出し総額を増やすことができるという点です。この例では、資産の引き出し総額は、65歳から80歳の15年間で1560万円、80歳から100歳までの20年間で2400万円となり、約4000万円を使うことができるということです。「収益率配列のリスク」というのは簡単にいうと、資産運用の収益率が毎年均等ではないため運用パフォーマンスの波によって生じるリスクのことです。それにしても、65歳時点で2800万円の資産があれば、「資産活用の技術」を駆使することで、100歳までの35年間で4000万円ものお金を引き出して使える、というのは驚きでした。詳細はぜひ、『**60代からの資産「使い切り」法**』**（日本経済新聞出版）**をお読みください。

妻の基礎年金を「理論最高値」にする

本章の最後に、ぜひお伝えしておきたいことがあります。それは、私のマネープランは年金の繰り下げ受給をして年金額を増やすことですが、最優先に行うべきことは、妻の基礎年金を「理論最高値」にすることです。これだけは、パートナーのいる会社員のみなさんにはぜひ、お勧めしたいと思います。私自身がもちろん実践していくつもりです。老後のお金は、妻がひとり暮らしになった時に家計の年金収入が大きく減ることがいちばんのリスクだからです。平均寿命の計算から言っても、多くの家庭では夫が先に逝って妻がおひとりさまになる確率の方が高いと思われます。そうした時に、遺された妻の年金収入は、原則として次の通りになります。

・妻の基礎年金＋遺族厚生年金（夫の厚生年金×３／４）

正確にいうと、遺族厚生年金は、自らの厚生年金を差し引いた分だけ受け取ることになります。また、遺族厚生年金の計算では、繰り下げ受給をした場合の増額された年金額ではなく65歳からもらう年金額をベースに計算することになっています。つまり、妻がおひとりさまになった場合に備えて、最優先で行うべきなのは「妻の基礎年金を最大化」すること。具体的には、保険料納付期間を40年（４８０か月）満額にして、かつ、75歳まで10年繰り下げ受給として1・84倍に増やすこと。これを私は、妻の基礎年金の「理論最高値」と呼んでいます。具体的な金額でいえば、2023年現在、65歳から受給する基礎年金の満額は、年間79万5000円ですが、これを10年間繰り下げて75歳からの受給にすれば、1・84倍に増額されて、年間146万2800円になります。月額に換算すれば、月6万6250円が月12万1900円に増えるのです。これに遺族年金を加えたものがおひとりさまになった時の妻の年金収入合計になります。遺族年金は、65歳以降に受給を繰り下げても増やすことはできません。唯一、自分の基礎年金をできる限り増やしておくこと、これが最も大切です。もちろん、夫婦関係にはいろいろ個別事情がありますし、妻が年上の夫婦もいるでしょう。健康状態から見て妻が先に亡くなると予想される場合もあるので、もちろん一概には言えません。夫婦仲の問題もあります。ただ、多くの家庭で、夫に先立たれた妻が少ない年金額に苦しむケースが多いのです。実はうちの両親もそのケースでした。父は93歳で2023年7月に大往生しましたが、遺された90歳の母の年金は、基礎年金が満額からはほど遠い金額で、年金額の減少に愕然としました。母は子育てが一段落した段階で正社員として長く働き、そのため厚生年金がある程度の金額になっていたのですが、専業主婦だった子育て期間中に国民年金の納付をしておらず、未納期間があったのです。現在のような専業主婦を「第3号被保険者」として保険料の納付を免除する制度が母の時代にはなかったのです。「うちの夫婦は関係ないよ」という方もたくさんいることは承知の上で、あえてみなさんにお伝えしたいと思います。公的年金の受給方法では、何をおいても、妻の基礎年金を480か月納付の満額にした上で、「理論最高値」にするために75歳まで10年間繰り下げ受給とすることをお勧めします。

Chap.5 Point

◎投資を副業にするのではなく、投資や節税で得られた資金を積立投資で増やすという「副業のターボ・エンジン」として投資をすべきである

◎投資の3大原則は、「長期・分散・積立」で、毎月一定金額を天引きで積み立てる「ドルコスト平均法」で投資するのが資産形成の王道である

◎株式指数に連動するインデックス投信の方が手数料が安いので高パフォーマンスになる確率が高い

◎米国株S&P500インデックス投信が最もお勧めで、わざわざ原液を薄めるような投資（先進国株、世界株、8資産均等型など）にすべきではない

Chap.5 Point

◎絶対に外してはいけない投資の鉄則は「複利運用」の活用である

◎税金の管理は大切で、金融所得が非課税となる「つみたてNISA」の活用がお勧め

◎「つみたてNISA」は手数料の安い商品しか選べないので、大きな失敗がない

◎2024年1月からの新NISA制度で、日本人の資産形成が変わる

◎副業やフリーランスでは、節税スキームの活用がポイントになる。とくに小規模企業共済、経営セーフティ共済の活用が有利

◎「ゼロで死ぬ」という人生設計には、「資産活用」の技術がポイント

◎妻の基礎年金を、480か月納付の満額にした上で、10年繰り下げ受給することにより「理論最高値」とすることが大切

第6章

副業から「ひとり起業」に移行する方法

フリーランス&副業で働く人が増えるトレンドに

一般社団法人 プロフェッショナル&パラレルキャリア・フリーランス協会（平田麻莉・代表理事）が監修した**『フリーランス&副業で働く！ 実践ガイド』（日本経済新聞出版）**というムック本が注目を集めています。

2023年4月に「フリーランス新法（特定受託事業者に係る取引の適正化に関する法律）」が成立し、フリーランスを取り巻く環境は大きく変化しています。フリーランスという働き方が明確に定義され、きちんと価値を提供できるフリーランスや副業の従事者は働きやすい環境が整いつつあります。

同書では、フリーランスが押さえておきたいトピックやフリーランス&副業の実態などがわかりやすく解説されていますが、私が大きな潮流として理解したポイントは次の4点です。

1―弱い立場のフリーランスから社会に不可欠なフリーランスへ変化する
2―コロナ禍で一気にフリーランスや副業が増加した
3―60歳以上は全員がフリーランスになる時代も現実味を帯びてきた
4―「キャリア自律」の意識が広がり、働き方の多様化とチェンジが加速する

このムックには、フリーランスに関わる、さまざまな分野の専門家や実践者の寄稿記事、インタビュー記事、対談記事が掲載されていて、全体を通して網羅的に解釈、理解すると前記のようなトレンドが浮かび上がってきます。

また、2020年に内閣官房が実施した『フリーランス実態調査』によれば、国内のフリーランス人口は462万人で、そのうち本業は214万人、副業が248万人となっていて、副業の方がやや多くなっています。

副業から本業へ移行したフリーランスの存在も考慮すれば、副業として取り組む働き方として、フリーランスの仕事、とくに情報ビジネスに取り組むことは今後も大きな潮流になっていくと言えるでしょう。

ほかの機関が実施したフリーランスに関する調査との比較が示されている**［図6-**

図6-1

内閣官房による統一調査と類似調査との比較

	内閣官房による統一調査（関係省庁連携）	内閣府	中小企業庁	厚生労働省
対象	「フリーランス」	「フリーランス相当」	「フリーランス」	「雇用類似の働き方の者」
	①自身で事業等を営んでいる ②従業員を雇用していない ③実店舗を持たない ④農林漁業従事者ではない ※法人の経営者を含む	①自身で事業等を営んでいる ②従業員を雇用していない ③実店舗を持たない ④農林漁業従事者ではない ※法人の経営者を含む	①自身で事業等を営んでいる ②従業員を雇用していない ③実店舗を持たない ④農林漁業従事者ではない ※法人の経営者を含む	①自身で事業等を営んでいる ②従業員を常時使用していない ③個人事業主等で店主ではない ④農家や漁業者ではない ⑤業務の委託を受けている ⑥事業者が直接の取引先 ※法人の経営者を含む
フリーランスの試算人数	462万人 （本業 214万人／副業 248万人）	341万人 （本業178~228万人／副業112~163万人） ※なお定義の違いにより306～341万人と幅をもって推計	472万人 （本業 324万人／副業 148万人）	367万人 ※①～④に該当する者を試算したもの
サンプル	144,342人	50,000人	62,415人	18,377人
調査期間	2020年2月10日～3月6日	2019年1月28日～3月4日	2019年1月11日～1月31日	2019年1月15日～2月21日
調査主体	内閣官房日本経済再生総合事務局	内閣府政策統括官（経済分析担当）	リクルートワークス研究所	（独）労働政策研究・研修機構

出典：内閣官房「フリーランス実態調査」

１内閣官房による統一調査と類似調査との比較」をご参照ください。

さらに『フリーランス実態調査』では、フリーランスの年齢構成も調べていて、次のような結果になっています（**「図6-2 フリーランスの年齢構成」**を参照）。

- 29歳以下 11％
- 30代 17％
- 40代 22％
- 50代 20％
- 60歳以上 30％

フリーランスという働き方は、60歳以上が最も多く、40歳以上のミドルシニア全体で7割以上という大勢を占めています。

ここから言えることは、働き方の多様化が進んでいく中で、今後40歳以降のミドルシニアにとっては、副業を軸としたフリーランスという働き方が重要な選択肢の1つとなること。とくに60歳定年以降の働き方を展望すれば、「50歳になったら副業で稼

図6-2
フリーランスの年齢構成

・<u>40代以上</u>のミドル・シニア層が中心であり、全体の<u>7割</u>

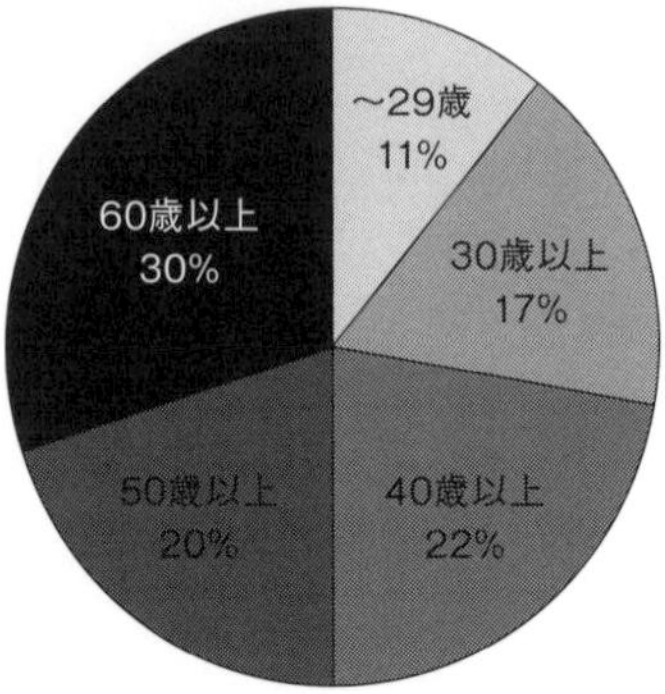

出典：内閣官房「フリーランス実態調査」

ぎなさい」という本書の提言は、世の中の大きなトレンドになっていくと思われます。

同調査でもう1つ興味深いのは、「フリーランスという働き方を選択した理由」および「フリーランスという働き方の満足度」という調査項目です。

それぞれ次のような結果となっています（**「図6-3 フリーランスという働き方を選択した理由」**および**「図6-4 フリーランスという働き方の満足度」**を参照）。

・フリーランスという働き方を選択した理由

1―自分の仕事のスタイルで働きたいため　57・8%
2―働く時間や場所を自由にするため　39・7%
3―収入を増やすため　31・7%
4―より自分の能力や資格を活かすため　27・3%

・フリーランスという働き方の満足度で「非常に満足」と「満足」の割合
1―仕事上の人間関係　85・7%
2―就業環境（働く時間や場所など）　82・9%
3―プライベートとの両立　81・8%
4―達成感や充実感　77・3%
5―収入　37・4%

つまり、「自分の仕事のスタイルで働きたい」「働く時間や場所を自由に決めたい」という希望は概ね叶えられる結果となっているものの、収入面では十分に満足する結果が得られていない実態がわかります。今後、フリーランスや副業を目指す人たち、

図6-3
フリーランスという働き方を選択した理由

・フリーランスという働き方を選択した理由として「自分の仕事のスタイルで働きたいため」と回答した者が6割
・また、「働く時間や場所を自由とするため」と回答した者も4割

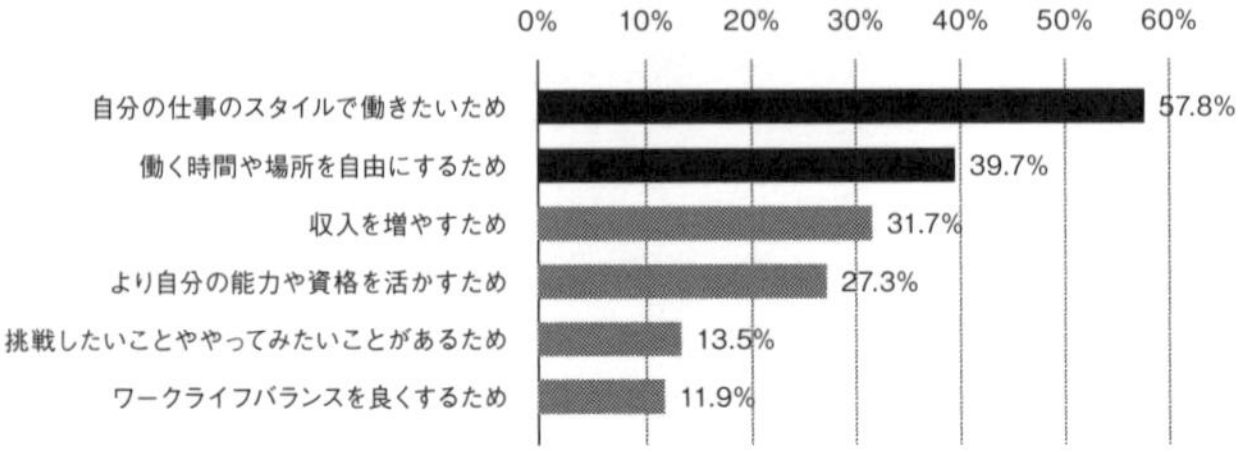

(注)「フリーランスとしての働き方を選択した理由について、当てはまるものをお選びください」(複数回答可)という設問への回答のうち上位6項目を集計
出典：内閣官房「フリーランス実態調査」

とくにミドルシニアの人たちは、50歳からしっかりと準備する「戦略的副業」という視点を持って取り組むことを改めてお勧めしたいと思います。できるだけ長く働き続けることが大切なのです。

副業から「ひとり起業」に移行する最強のキャリアプラン

老後の「お金」「孤独」「健康」の3大不安をいっぺんに解決する方法として、私はできるだけ長く働き続けること、できれば「生涯現役」のライフス

図6-4
フリーランスという働き方の満足度

・7割以上のフリーランスが、「仕事上の人間関係」、「就業環境（働く時間や場所など）」、「プライベートとの両立」、「達成感や充足感」に満足
・一方、収入について満足しているフリーランスは4割

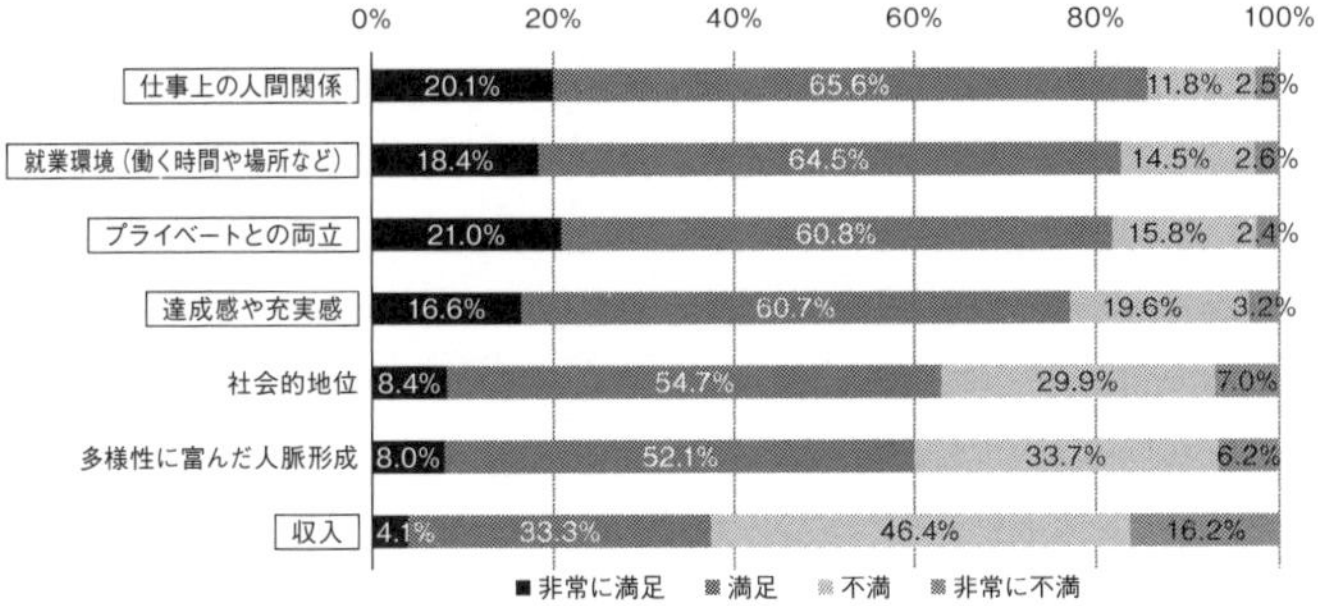

（注）「フリーランスとしての働き方の満足度はどの程度ですか」（単一回答）という設問への回答を集計　出典：内閣官房「フリーランス実態調査」

タイルを推奨してきました。長く働き続けることで、年金にプラスした収入が得られるので、老後の「お金」の不安がかなり減ります。また、仕事を続けることで得られる人間関係があり、「孤独」の不安もなくなります。さらに、働くことによるプロとしての緊張感や規則正しい生活習慣が「健康」にもプラスになります。よく「健康だから働けるのでしょう」と言われることがあるのですが、私は逆だと考えていて、「働いているから健康になる」のです。

では、どうすれば長く働き続けることができるのでしょうか？　会社に勤める「雇われる働き方」では、現在は

60歳定年、再雇用で65歳まで非正規社員で働くのが限度で、それ以上長く働くためには、会社の外へ出て仕事を見つけなければなりません（今後は「70歳までの就業を確保すること」が企業に求められる動きになってきていますが）。60歳以上の求人をハローワークやネットで調べたことのある人ならわかりますが、それまでやってきた仕事と比較して、やりがいがあって年収が維持できる仕事はほとんど見つかりません。60歳以上でもそうなので、ほとんどの会社員は会社の外へ出ることはせずに、大きく年収がダウンしても1年契約の定年再雇用で会社に残って働き続けるのです。しかしながら、65歳になった時にどうかといえば、60歳でも少なかった求人は、65歳だとさらに少なくなります。

それでも比較的求人が多いのは、警備・清掃・介護・運送関係など体を使う仕事か、コンビニ店員など立ち仕事の販売業で、かなりの体力が求められます。マンション管理人の求人が以前は多かったのですが、高齢者にとって体力的に楽な仕事のため大人気となり、高倍率で管理人の職を得るのは難しくなってきました。「定年後の小さな仕事」として、エッセンシャルワーカー（生活に欠くことのできない大事な仕事に従事する人）を持ち上げる風潮もありますが、働く現場は決して生易しい環境ではなく、意欲を持って続けられる人は少ないのではないでしょうか。

では、どうすればよいかですが、私は定年前後のタイミングで、「雇われない働き方」に移行し、好きなことを仕事にする「定年ひとり起業」という働き方を勧めていて、自らも実践しています。私は転職を3回経験した後、4社目の会社で定年を待たずに57歳でフリーランスになり、現在8年目になります。2023年の今年、65歳になりましたが、100％好きな仕事だけをして、年中無休で働いています。会社員時代の40代、50代の時よりも仕事が多いので休みがありませんが、好きな場所で好きな仕事だけをしているのでストレスも疲れもなく、「お金」「孤独」「健康」の不安をいっぺんに解決できました。「老後2000万円問題」も60歳からの5年間で解決してしまいました。

私が起業の準備を始めたのは55歳の時で、準備期間2年間でしたが、勤めていた会社の就業規則に「副業禁止規定」があったため、無報酬の副業という形で準備をしたのです。ちゃんと収入を得る副業をしていれば、もっとスムーズに起業して売上も伸ばしていけたのではないかと思います。独立起業してフリーランスになって当初2年間は収入が安定せずに苦労したのですが、もともとその期間を会社に所属したまま副業を行っていれば、どんなに楽だったろうかと今、思うのです。

そこで、私が提唱する「最強のキャリアプラン」は次の公式になります。

・会社員＋50歳からの副業→60歳定年前後での「ひとり起業」＋生涯現役

なぜ最強かというと、会社員と自営業（フリーランス）のいいとこ取りをするキャリアプランだからです。会社員として毎月、決まった金額の給料が銀行口座に振り込まれるというのは本当にありがたいことで、独立してフリーランスになったらよくわかります。さらに、定年前後まで会社員として35年程度勤めていれば厚生年金が確保できて、ずっと自営業だった人の国民年金と比べると2階建て（国民年金と同額の基礎年金＋報酬比例の厚生年金）になっているため、トータルで自営業者の約3倍の年金額になります。その分、会社員は厚生年金保険料を給与天引きで支払っているのですが、実は保険料の半分は会社が負担していて、専業主婦の配偶者がいればその分の国民年金保険料も免除になっている（国民年金の第3号被保険者）ので、会社員で厚生年金に加入している労働者は、自営業者に比べて本当に〝お得〟なのです。ただ、最大の弱点は定年があることで、再雇用で延長したとしても65歳以降は働くことができません。今後は70歳まで会社で働く制度ができる方向ではありますが、そのころにはきっと年金の支給開始年齢も65歳から70歳に引き上げられている、というのが私の予測です。

そこで、60歳定年前後に「ひとり起業」すれば、厚生年金をしっかり確保した上で、「何歳まででも働くことができる」という自営業最大のメリットを享受できるようになります。最初から自営業だった人は、何歳まででも働くことができるけれど、その分年金は会社員の3分の1程度しかなく、心もとないのです。「定年ひとり起業」なら、年金もしっかりあって、かつ、長く働けるという、いいとこ取りになるというわけです。

では、「ひとり起業」でフリーランスになったとして、本当にちゃんと稼げるのか、まして好きなことを仕事としてお金になるのか、という疑問が湧いてくるでしょう。そこで「戦略的副業」なのです。本書の「はじめに」で私は、「戦略的副業」というのは、将来ライフワークになるような長く続ける活動を副業として会社員の時から取り組んでみるという考え方を提示しました。会社員として毎月、安定した収入がある立場の間に、好きなことで実際に稼げるかどうかを試してみればいいのです。失敗してもリスクはありません。もともと副業の収入はなかったのですから。要するに、元本が保証されている株式投資を行うようなもので、収入が増えることはあるが減ることはないという投資と同じです。投資商品でそんなものがあったとしたら、たぶんそれは投資詐欺ですが、副業の場合は投資するのは時間で、お金をなるべく使わない情報ビジネスを選択すれば、ほとんどリスクはありません。

会社が副業を解禁しているならば、副業申請をして堂々と副業に第一歩を踏み出してみましょう。もし副業が禁止であれば、私もやったように妻が社長のファミリーカンパニーを作ってやるか、慣例的に副業とは見なされない不動産賃貸業を行う方法（お金の投資が必要ですが）もあります。親の遺産を相続して賃貸アパート・マンションの大家業をやっている会社員は大勢いますし、それを副業禁止に当たるとしている会社はほぼありません。私が推奨するのは、お金の投資をなるべくしない情報ビジネスで、報酬を受け取らないボランティア活動を休日に行う副業で、それでも「ひとり起業」の準備はできます。

働く期間を3つに分ける「トリプルキャリア」

では、会社を定年退職した後も、「ひとり起業」に移行してフリーランスとして稼ぎ続け、さらにライフワークとして生涯継続できる「戦略的副業」を実現するにはどのように準備すればよいのでしょうか？　そんな副業を会社員のうちから始められれば、定年退職した後も老後の「お金」を心配することなく過ごせる気がします。

私が副業に「戦略的」という言葉をつけたのは、人生の全体像を俯瞰し、最初から働く期間を3つに分ける「トリプルキャリア」という考え方で、自らのキャリアを自分のアタマで考えて切り拓いていくためです。まず、20代前半に社会人として働き始めてから人生の終着点である寿命が来る年齢までの全体像を思い浮かべて、そのキャリア全体を3つに分けます。たとえば、私の場合は、人生100年時代を展望して次の3つにキャリアを分けました（**「図6-5　トリプルキャリアの概念図」**および**「図6-6　65歳の壁と75歳の壁を意識したキャリア設計」**を参照）。

1―ファーストキャリア（23歳～57歳）会社員〈雇われる働き方〉
2―セカンドキャリア（57歳～75歳）フリーランス〈雇われない働き方〉
3―サードキャリア（75歳～１００歳）ライフワーク〈理想の働き方〉

それぞれのキャリアには特徴があり、ファーストキャリアは毎月必ず、決まった金額の給料が銀行口座に振り込まれる安定性が最大のメリットです。この間に、結婚・子育てなど、お金のかかるライフイベントを経験する一方、将来、終身で受け取ることのできる厚生年金の権利をしっかりと確保します。ここで、マイホームという大きな出費を行う人もいますが、私は2人の子どもの教育費を最優先してきたこと、また、転勤族ということもあってマイホームは取得しませんでした。自分の家もないけど住宅ローンもないという割と身軽な状態だったので、３回の転職も決断できたのかもしれません。

ただし、このファーストキャリアの最大の弱点は、定年退職です。雇われる働き方だと、ずっと働き続けることはできません。大手企業の一般的な制度だと、まず55歳

図6-5
トリプルキャリアの概念図

ファーストキャリア（会社員として勤務）	・会社勤務、時間・場所・仕事の自由度低い ・収入の安定度高い ・定年あり
セカンドキャリア（雇われない働き方）	・専門分野、好きなこと、得意なことに特化 ・収入の安定度低い ・定年のない働き方へ移行
サードキャリア（理想の働き方）	・体力・健康面を重視して「長く働く」体制に ・移動距離・頻度を制限、好きな時間・場所のみで ・収入は減少、ゼロにはしない

図6-6
65歳の壁と75歳の壁を意識したキャリア設計

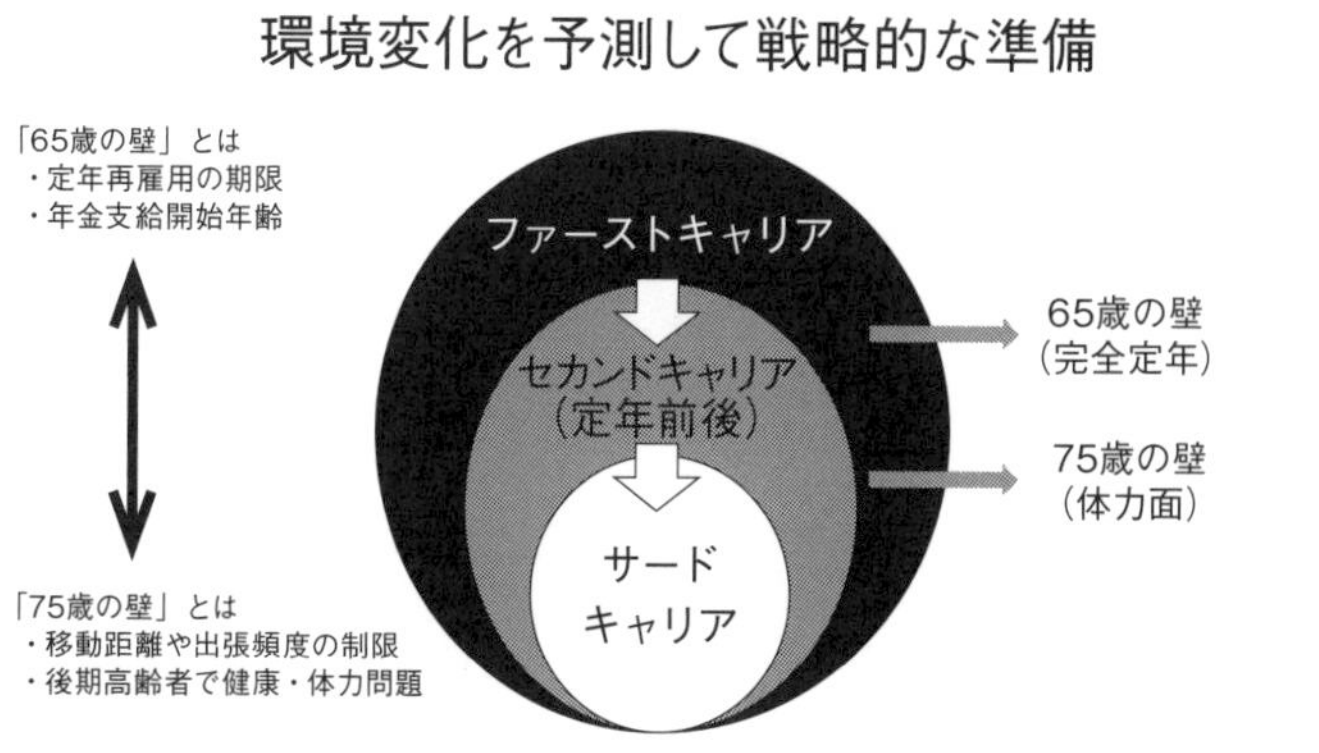

年齢による壁に備えて「働き方」を変化させるキャリアプランを戦略的に考える

（出典）図6-5、図6-6ともに『定年後不安 ──人生100年時代の生き方』（大杉潤著・角川新書）より著者作成で役職定年を迎え、年収が3割くらい下がって責任あるラインのポジションから外れることになります。やりがいと年収の面でモチベーションを下げる会社員が多いのが実態です。さらに60歳になると定年退職となり、いったん退職して退職金を受け取った後に、1年契約の契約社員（非正規社員）として再雇用されるパターンが最も多い仕組みです。年収はさらに3割から7割ダウン、年収の高かった会社ほど年収ダウンの割合が高く、私が相談を受けた会社員の中で最も年収が下がった人は5分の1（60歳までの年収の2割）になっていました。1000万円を超えていた年収が200万円台になり、さすがに怒りに震えていましたが、それでも会社の外へ出ても（転職しても）似たような年収の仕事しかなくて再雇用を選んでいました。それでも再雇用契約を5回続けて65歳までは仕事がありますが、その後はほとんどの会社で雇用の継続はなく、会社を完全退職することになるので、自分のキャリアをすべて会社に委ねてしまうのは大きなリスクなのです。どんなに年収を下げられても、またやりがいのない仕事を命じられても、ほかに選択肢がなければ受け入れざるを得ません。そのようにして、悶々としながら不満を抱えて会社で働き続けている会社員は多いのです。

私は、会社に勤めることで安定した収入を得て、結婚・子育てをして、厚生年金ほか、福利厚生の権利をしっかり確保するメリットをある程度受けたら、ファーストキャリアにいつまでもしがみつくのではなく、自らセカンドキャリアへ向かう「キャリア自律」を行うことを勧めています。セカンドキャリアで雇われない働き方へ踏み出すのは多くの会社員にとってハードルが高く、一見大きなリスクを抱えているように見えます。実は私もそうでした。なかなか独立起業してフリーランスになる勇気がなかったのです。でも、この人生の全体像を俯瞰して、サードキャリアまで展望する「トリプルキャリア」の考え方を持った時に、もう雇われない働き方に踏み出すしかないという決断をすることができました。長く働き続けて、「お金」「孤独」「健康」の不安をすべて解消するには、この方法しかないからです。

実は、セカンドキャリアでどんな仕事をするかを決める際に、絶対に外してはいけないコツがあります。それは、サードキャリアである75歳以降のライフワーク、すなわち自分にとっての「理想の働き方」は何なのかというゴールから逆算して考えるバックキャスティングの思考です。私の場合は、新入社員のころから大好きだったビジネス書と、新婚旅行で初めて訪れて以来、大好きになったハワイを結び付けて、75歳以降のライフワークを「ハワイで執筆業」としました。大好きなハワイに滞在しながら、世界中の人たちにビジネス書の素晴らしさを伝えていくというのが私のミッションで、生涯続けていきたいライフワークです。大きな目標としては、50か国以上の言語に翻訳され、世界で累計4000万部を超えるベストセラーになっているビジネス書の名著『7つの習慣』を超える本を、ハワイに滞在しながら英語で執筆してみたいという夢を思い描いています。

そのゴール（目標）から逆算して、セカンドキャリアとなるフリーランスとしてどんな仕事をしていけばいいのかを考えていくのです。執筆業一本で食べていくようにするには、まずはビジネス書の出版を実現すること、そしてビジネス書の出版と相性が良くて相乗効果が見込める企業研修の講師という仕事にめぐり合いました。今は、企業研修講師の仕事をメインにしながら、経営コンサルティング、個人コーチング、ラジオ出演などメディア対応と将来のコア業務になる執筆業、すなわちビジネス書の出版という複数の仕事をしています。

実は、セカンドキャリアであるフリーランスは収入の安定性がないことが最大の弱点で、それを補うために複数の収入源を持つことがコツになります。私はこれを「収入の複線化」と呼んでいますが、1つの仕事で収入がない時に、別の収入でそれを補うことができれば、不安定な収入を安定させる効果があります。2020年に新型コロナ感染症で緊急事態宣言が出た時に、メインだった企業研修講師の仕事は4か月間、売上がゼロになりました。しかしながら、その間も経営コンサルティングの収入とビジネス書を出版した印税収入があったので、家計の収入がゼロになることは免れました。会社員の給料と違ってフリーランスは仕事がなくなれば収入がゼロになるので、リスクを分散させる意味で複数の収入源を持つ「収入の複線化」はとても大切です。

実は、会社員が副業をするのも「収入の複線化」です。将来のセカンドキャリアの準備として位置づける副業が「戦略的副業」で、それをサードキャリアから逆算して考える。トリプルキャリアという考え方でキャリア自律をしていくことが、ずっと続けていける「ライフワーク副業」を見つけることにつながっていくのです。

「好きなことを仕事に」が最大のコツ

もう1つ、とても大事なコツがあります。これまでも述べてきましたが、副業、そしてフリーランスの仕事、さらにライフワークは「好きなこと」を仕事として選択すること。副業も起業もライフワークも生涯現役も、成功するコツはこれしかありません。嫌々やっている仕事では幸せになれません。私の場合はたまたまビジネス書が好きで、書くことが好きで、ハワイが好きでということだったので、「ハワイで執筆業」をライフワークに選びましたが、すべての人にハワイや執筆業をお勧めするわけではありません。好きなことは一人ひとり違うし、いくつもあると思いますので、それらを組み合わせて自分だけのとっておきのライフワークを考えてください。もう一度、**第1章に掲載した図1-1「IKIGAIベン図＝稼げるライフワーク」**を思い出してください。次の4つが重なることが、あなたにとってのＩＫＩＧＡＩ（生きがい）すなわちライフワークです。

・好きなこと
・得意なこと
・収入が得られること
・世の中の役に立つこと

好きなことを仕事にするとなぜ成功するのかというと、「無理なく継続できるから」です。副業も起業してフリーランスになっても、すぐに結果を出して収入を上げることができるのは稀で、試行錯誤しながら2年間くらいはかかるというのが私の経験ですし、私の周囲の起業家仲間もほとんどみんな同じでした。結果が出ない間も続けることができるのが「好きなことを仕事にした」場合なのです。こういう話をいろいろな場でしても、身を乗り出して聞き、行動に移す会社員は10人にひとりいるかいないかといった割合ですが、なぜでしょうか？　ほとんどの人は、「そんなこと言ったって、好きな仕事でお金を稼げるようになるわけがない」と考えるからです。思考法に問題があるからです。

私は、企業研修のテーマで、よく「ロジカルシンキング」を扱うのですが、ロジカルな人とロジカルでない人の特徴を対比して考えたことがありますか？

思考・マインドの特性として、次のような対比があります。

	〈ロジカルな人〉	〈ロジカルでない人〉
・マインド	ポジティブ	ネガティブ
・思考特性	考える人	悩む人
・時間軸	未来	現在～過去
・対象	自分	他人
・発想法	どうすればできるか	どうしてできないのか

「好きなことを仕事に」というテーマで、ロジカルな人は自分と未来にフォーカスして、「どうすればできるか」と考えます。ロジカルでない人は、他人と過去にフォーカスして、「自分にはどうしてできないのだろう」と悩むのです。ほとんどの会社員は、好きなことを仕事にした経験がありません。命じられてやる仕事は楽しくないし、好

きになれないのです。私は4社で会社員を合計33年以上やってきましたが、好きな仕事は1つもありませんでした。たとえば、みなさんも「雇われている社員」と「自分の好きなことで起業し、経営をしている社長」とを比較してみて、どのように感じるでしょうか？　とくにオーナー社長は、とても仕事が楽しそうではありませんか？

仕事は「自己決定感」というのがとても大きくて、自分で決めた仕事は楽しいのです。「やらされ仕事」は心から楽しいと思えないことが、フリーランスになって私は初めてわかりました。自分で決めれば好きなことを仕事にできるし、仕事は本来、楽しいものなのだということが、そして、オーナー社長がなぜ、あんなに楽しそうに仕事をしているのかがよくわかりました。

ロジカルシンキングに戻りますが、私のお勧めは「ロジカルに好きな仕事を考えていく」ことです。パッと思いついてすぐに好きなことを仕事にして稼ぐことができるなら、会社員をやっている人がこんなにいるはずがありません。自分のアタマでロジカルに、「どうすれば好きなことを仕事にできるか」を自分と未来にフォーカスして考えるのです。個人コーチングで私はよく、「他人と過去は変えられない、自分と未来は変えられる」という話をします。ロジカルな人は自分と未来にフォーカスして、どうすればできるかを考えます。ロジカルでない人は他人と過去にフォーカスして、変えられないことについて悩むのです。

「好きなことを仕事になんかできない」というのは、あなたの思い込みかもしれません。すぐには仕事にできるわけではありませんが、戦略的に、「選択肢」を多く、「時間軸」を長く取って、自分のアタマで「どうすればできるか」を戦略的に考えれば、好きなことは仕事にできます。私はできましたし、私の周りのフリーランス仲間はみなさんできています。あなたもロジカルに考えて、まずは「戦略的副業」に一歩、踏み出してみませんか。

好きなことを仕事にすると、趣味の「消費」がすべて「投資」に変わる

好きなことを仕事にすることは一見、難しいことのように思うかもしれませんが、もしできたならば、そのメリットは計りしれません。会社員のまま副業としてトライ

してみるなら、ほとんどリスクはないので、ぜひやってみるべきというのが私の考えです。

たとえば私の場合でいうと、会社員時代は新入社員の時から年間300冊のビジネス書を給与収入から所得税、社会保険料を源泉徴収された後の手取り収入の中から自腹で1冊1500円平均で購入していました。年間45万円（月平均4～5万円程度）にもなっていたのですね。単なる趣味の消費です。ところが、起業してフリーランスになって以降は、ビジネス書の読破は私のビジネスでクライアントに提供する付加価値の根幹にかかわるノウハウになるので、全額、経費計上ができる「投資」になります。ビジネス書を執筆する時の参考文献ですし、企業研修でも研修テーマに即したビジネス書の要約・紹介は私が他の研修講師と差別化できる重要な付加価値になっています。

もちろん、公式サイトに毎日更新しているビジネス書の書評は、さまざまな仕事のオファーをいただく入り口になっていますので、毎日読んでいるビジネス書を公開する場として、しっかりビジネスモデルの根幹を成しているのです。そういう理由で、顧問税理士の見解も「100％経費計上できますね」ということになっています。趣味にかかる費用が「消費」ではなく「投資」になるメリットは大きいのです。

来年からいよいよ念願だったハワイに関するビジネスを立ち上げていきますが、ハワイでの現地調査の費用も経費です。往復の交通費、滞在先のホテル代はもちろん、ハワイでは現地レストランや現地ショッピングセンターなどについて詳しく発信するレポートと、音声配信もビジネスにする予定なので、リサーチのための食事代やレポート用に購入するハワイ産品も経費になるようにビジネスを組み立てていきます。もともと設立時からファミリーカンパニーの事業内容として定款にはハワイでのビジネスを記載しているのです。

今もそうなのですが、フリーランスで好きなことを仕事にしていると、だんだん仕事と遊びの境目がつかなくなってきて、毎日の活動が楽しすぎるので、油断するとオーバーワークになってしまいます。健康がすべての活動の土台であり最優先なので、そこだけは注意しなくてはと心に留めながら日々を過ごしています。

好きなことを仕事にという話をすると、「好きなことが何なのかわからない」「好きなことが見つからない」という会社員の方が多くいます。そういう方々に私がいつもするアドバイスは、「これまでの人生の中で、最も多くのお金と時間を使ってきたことを思い出すといいですよ」ということ。私の場合は、やはりビジネス書でした。そのほか、家族と共に、時にひとり旅で何回も訪れた「ハワイ旅行」でした。人生はだれにでも限りあるものとして与えられている「時間」をどう配分するか、ということですよね。だったらなるべく楽しい時間を増やす選択をした方がいい。人生は結局のところ、数々の「選択の積み重ね」であり、それは「自分の時間をどう配分するか」です。人生の中で多くの時間を占める仕事が好きなことである意味は大きく、メリットは計りしれないと私は思うのです。

注目される「プロティアン・キャリア」という生き方

これからの働き方の方向性を示すキーワードとして、「プロティアン・キャリア」という生き方が注目されています。本章の最後にインタビュー記事を掲載させていただいた大谷裕幸氏が設立した株式会社PROTEAN HIROの公式サイトによれば、もともと「Protean：プロティアン（変幻自在）」という言葉は、アメリカの心理学者ダグラス・ホール氏が提唱した「変幻自在な」「多方面の」と訳される言葉で、キャリア教育の1つとして使用されています。同一組織内に長期間留まってステップアップして行くキャリア形成とは少し異なり、自己の成長や気づきといった心理的成功を目指す生き方のことを指しています。

日本では、田中研之輔著『**プロティアン 70歳まで第一線で働き続ける最強のキャリア資本術**』（**日経BP**）で、ダグラス・ティム・ホール氏の著書『**プロティアン・キャリア 生涯を通じて生き続けるキャリア**』（**亀田ブックサービス**）を紹介したことで広がってきました。副業は、ある意味では「変幻自在なキャリア」への第一歩と言えるかもしれません。私がこの2冊の本を読んだ後に、よりプロティアン・キャリアという生き方に興味を持ち、さらに大谷裕幸氏と出会うきっかけとなったのが金澤美冬氏の著書『**おじさんの定年前準備、定年後のスタート 今こそプロティアン・ライフキャリア実践！**』（**総合法令出版**）という本です。全体を通して、とても温かい雰囲気が満ち溢れている素敵な本で、定年前後の会社員が副業に取り組んだり、定年を機に起業したりして活動している事例が写真入りで紹介されています。金澤氏は、人材紹介会社を起業したものの、仕事を求める定年世代のおじさんに相応しい求人案件がほとんどなくて、せっかくの求職の希望にこたえられないジレンマから、何か自分にできることはないかと模索して、おじさんのためのコミュニティである「おじさんLCC（ライフ・キャリア・コミュニティ）」を立ち上げました。前記の著書は、おじさんLCCのメンバーの活動をリアルに紹介している内容で変幻自在なキャリアの実践例にもなっています。この本の中で、実は参考文献として私の書いた**『定年ひとり起業』（自由国民社）**を紹介してくれていたことから金澤氏と知り合うことになりました。彼女もまた、自ら立ち上げた会社をプロティアン株式会社と命名したくらい、プロティアンというコンセプトに深く共感しているキャリアコンサルタントです。

大谷裕幸氏が金澤美冬氏のおじさんLCCの会員だったことから、私の出版記念パーティーにも来てくださってご縁ができました。インタビュー記事で詳しく紹介していますが、大谷氏ほど変幻自在なキャリアであるプロティアンにピッタリの人はいないかもしれません。トヨタ自動車という日本を代表する企業に勤務しながら、自らの好きや得意を活かして、副業そして起業へキャリアを自在に変化させてきたストーリーから、私たちは多くのことを学べると思います。

「自分のライフスタイルをお金に換える」ことが究極の情報ビジネス

自分が好きなことを仕事にして、理想のライフスタイルを発信することが私の目指す最終的なビジネスモデルです。発信方法はビジネス書の出版と自分のラジオ番組である「stand.fm」の「大杉潤の出版応援ラジオ」です。「大好きなハワイで、大好きなビジネス書の執筆で食べていく」というライフスタイルを発信して、それをお金に換える。それが私の目指す「究極のビジネスモデル」です。ファミリーカンパニーの合同会社ノマド&ブランディングという社名には、実はそうした想いが込められています。「ノマド（遊牧民）のように好きな場所で仕事をして、好きなライフスタイルで食べて暮らしていく」ということで、自らをブランディングしてビジネスにしていきます。

マーケティングのトレンドは今、「モノを売る」ことから「コト（体験）を売る」ことに大きくシフトしてきています。高齢者や富裕層の消費が高額なブランド品の購入から、一度は体験してみたいという消費にどんどん変わっているのです。日本では、藤村正宏氏が「エクスペリエンス・マーケティング」の考え方を提唱し、集客施設や会社のコンサルティングを行っています。私は、音声配信「stand.fm」の配信者であるワカさんのライブ配信を聴いて、**『安売りするな！「価値」を売れ！』（日本経済新聞出版）**や**『やっぱり！「モノ」を売るな！「体験」を売れ！』（実業之日本社）**など、藤村氏の著書を知りました。読んでみて、10年以上前から提唱されている「エクスペリエンス・マーケティング」の考え方が、今まさに大きな潮流になっていることを実感しています。

そして、価値観の多様化が進み、働き方の多様化が進展し、情報化がさらに進んでくるため、今後のマーケティングは、「コト（体験）を売る」ことから「生き方やライフスタイルを売る」時代に入ってくるのではないか、と私は予測しています。たとえば、人生100年時代が来て、人生の後半が勝負、生涯現役の生き方を目指すきっかけとなったのは、田中真澄先生の終身現役の生き方を綴った数々のビジネス書を30代から読んできたことでした。また、タレントの大橋巨泉さんが静岡県伊東市に居を構えながら、東京のホテルとの2拠点生活をしていたことや、セミリタイア後はカナダ、オーストラリア、ニュージーランド、終の住処となった千葉県大網白里市の自宅と、太陽の光を求めて移り住む「ひまわり生活」を実践していたことに憧れたことが、私がハワイと伊豆との2拠点生活を目指す大きな起点になっています。

そして、著書で「足の散歩、手の散歩、口の散歩が大切」と説き、皇居周辺を毎朝散歩し、自ら料理を作り、気のおけない友人と雑談の場を大切にしながら生涯現役で90代半ばまで執筆に励んでいた外山滋比古《とやましげひこ》先生のライフスタイルは、私が手本として目指す理想の生活です。

個人がほとんどコストをかけずに情報発信ができる時代になり、さまざまなライフスタイルの選択肢が出てきた時に、「生き方やライフスタイルを売る」時代が来ると私は思うのです。

あなたも50代になったら、まずは理想とするライフワークにつながる好きなことにフォーカスして戦略的副業にトライし、いずれ会社員を卒業した時にはフリーランスとしてのセカンドキャリアの軸にして、さらに75歳からのサードキャリアでは理想のライフワークにしていくという人生プランを描いてみませんか。

Interview

大谷裕幸氏

趣味のカメラから本業を活かしたトヨタ式コンサルまで

大谷裕幸 - 64歳

1959年愛知県生まれ。南山大学外国語学部英米科に在学中に1年間アメリカ・イリノイ州に交換留学生として滞在。トヨタ自動車に入社し、広報部にて海外からのVIP受け入れ、記者対応を担当。その後、海外向けの補給部品を扱い、カナダ・トロントに家族と共に5年間駐在してカナダ全州を家族でキャンプしながら旅行。帰国後は海外販売店の改善活動やベルギー、アメリカ・ロサンゼルスに単身赴任。プライベート旅行を含めて世界89か国を訪問し、写真を撮影して旅ブログで発信。

2022年3月末に退職して、9月に株式会社PROTEAN HIROを設立。名古屋市を拠点とし、キャリアコンサルタント、改善コンサルタント、翻訳家、英語・日本語教師、フォトグラファー、キャンピングカーレンタル事業等を行っている。

小さいころから好きだったこと、学生時代の専門は何だったのですか？

一眼レフカメラを高校1年生の時に購入して、それ以来50年間、ずっと写真を趣味にしています。大学の専攻は英語で、アメリカ史のゼミに所属していました。アメリカに1年間交換留学をして、そこでも英語とアメリカ史を勉強していましたが、留学中も旅行をしながら写真を撮っていました。クラブ活動は管弦楽団でバイオリンを弾いていたのですが、これは落ちこぼれでものになりませんでした（笑）。

最初の仕事を選んだ経緯や、副業を始めるきっかけを教えてください。

もともと英語が好きで、アメリカ留学をしたいと思って南山大学を選んだのですが、高校の英語の先生になるつもりが、試しに受けたトヨタ自動車に採用されたので、そちらを選びました。英語力がトヨタ入社の鍵となり、入社後もカナダ、ベルギー、アメリカと計11年間の海外駐在をして、プライベート旅行も含めて世界89か国を訪問するという経験ができました。

定年近い年齢になったころ、『副業するならカメラマン』（小椋翔著・フォレスト出版）という本に出会い、著者が行っていたセミナーに参加したことから、勢いで出張カメラマンの副業をすることになりました。月に2回、写真の講座に通うなどして、七五三の記念写真を撮影する出張カメラマンの仕事を始めました。とくに祖父母のみなさんが喜ぶ笑顔がやりがいになり、楽しく続けています。

その後、趣味だったキャンプの知識を活かして、キャンピングカーのレンタルや英語力を活かして翻訳などの副業もするようになりました。

副業に取り組んで苦労したこと、それをどう乗り越えてきたのかを教えてください。

いちばん苦労したのは、どの副業でも「お客さまをどう誘致するか」という集客ですね。セミナーでは、FacebookやLINEで500円キャンペーンをやれと言われたのですが、まったく反応を得られませんでした。結局、マッチングサイトに登録することでお客さまを見つける形になりました。出張カメラマンは8000円（1時間）〜2万円くらい、キャンピングカーのレンタルも1泊2日で1万6000円〜2万円といった収入です。日本語教師は時給1000円なので、こちらはボランティアで行っています。仕事がそんなに頻繁にあるわけではないので、収入よりもやりがいや楽しさがモチベーションになっています。マッチングサイトのいいところは、手数料は取られるものの、お客さまの支払処理が事前に行われ、値段交渉や現金のやり取りなど煩わしさが一切ないことですね。

副業を始めてみたいという人にアドバイスするとしたらどんなことですか？

自分が好きで得意で、かつ需要のあることを始めるのがコツです。会社員であるうちに副業としていろいろ試してみて、適性を見極めるのがいいと思います。私の場合はいろいろやりすぎるのが欠点でもあるのですが、1つの仕事に絞るのではなく、複数の仕事を試してみるのがいいのではないでしょうか。

具体的には、次の4点をお勧めしたいです。

1—副業を退職後の本業にするために、自分が好きで得意で需要のあることが何かをしっかり見極めること

2—副業期間中は本業の収入があるので、失敗を恐れず、いろいろなことに挑戦して人脈を広げること

3—在職期間中に、将来の仕事に役立つさまざまなノウハウを身につけること。会社のいろいろな教育プログラムを活用した方がいい

4—いちばん大事なのは、家族とのコミュニケーション。家族の理解・協力なしに副業並びに将来の仕事はうまくいかない

副業を本業にまで育てて、定年退職のタイミングで独立起業できた成功要因は？

大きな投資や借金の不要な仕事を選ぶことですね。失敗しても残りの生活設計が狂わない前提で起業すべきです。退職金、公的年金、企業年金や投資

などで生活費を賄えるようにした上で、副業をもとに起業するのであればリスクはないと思います。

うまく起業できた要因は、自分の特技（トヨタ生産方式ノウハウ、英語、写真、旅行、キャンプ）に加えて、再雇用期間中に取得した国家資格のキャリアコンサルタント、日本語教師を活用することで、ほかと差別化した唯一無二のビジネスができることでしょうか。複数の事業を同時に行って、それぞれを掛け合わせることで、人脈が大幅に広がり、その人脈の活用がビジネスの幅を大きくしています。

今のところ、トヨタ生産方式ノウハウを活用した業務改善コンサルタントとしての仕事が収入面ではいちばんの柱になっていますが、ほかの仕事も楽しんでやっています。

今後の活動と人生設計を教えてください。

自分の好きなこと、得意なことで、できるだけ長く仕事を続けていくのが目標ですが、当面は次の6つの仕事を同時に進めていくつもりです。

1―キャリアコンサルタント
2―業務改善コンサルタント（トヨタ生産方式）
3―英語教師
4―日本語教師
5―出張カメラマン（七五三記念撮影等）
6―キャンピングカーのレンタル

どの仕事も自分の好きなこと、得意なことなので、楽しく取り組んでいます。75歳までは6つの仕事をうまく相乗効果を持たせて、楽しみながら進めたいです。できれば妻と国内外のキャンプ旅行に出かけて、そこで撮影した写真を販売したり、旅行記にまとめたりしてみたい。

75歳を過ぎたら、八ヶ岳にある別荘を拠点にして、好きな写真を撮り続ける夢を抱いています。写真の展覧会や写真集の出版にもチャレンジしてみたいです。

Chap.6 Point

◎弱い立場のフリーランスから社会に不可欠なフリーランスへ変化する

◎コロナ禍で一気にフリーランスや副業が増加した

◎60歳以上は全員がフリーランスになる時代も現実味を帯びてきた

◎「キャリア自律」の意識が広がり、働き方の多様化とチェンジが加速する

◎副業から「ひとり起業」へ移行するのが最強のキャリアプラン

◎働く期間を3つに分ける「トリプルキャリア」なら長く働き続けることができる

◎「好きなことを仕事に」が最大のコツ。どうしたらできるかを自分のアタマでロジカルに考える

◎好きなことを仕事にすると、すべての消費が投資に変わり、計りしれないメリットがある

◎変幻自在の「プロティアン・キャリア」という生き方が注目されている

◎「自分のライフスタイルをお金に換える」ことが究極の情報ビジネス

おわりに　副業をライフワークにするブランドハップンスタンス

ここまでお読みくださり、ありがとうございました。この本は私の7作目の新刊書籍になりますが、これまでの著書では書けなかった最新の情報や知見も盛り込むことができ、充実感を持って今、この「おわりに」を書いています。

新たな知見とは、主に次の2つです。

1　音声配信「stand.fm」による情報発信
2　人生設計の核になる「資産活用」の技術

音声配信については、6作目の著書『**定年ひとり起業生き方編**』（**自由国民社**）の原稿を書き終えた後になる2023年2月22日から私自身が「stand.fm」のアプリをダウンロードして情報発信を開始しました。以来、現在までの9か月間、毎日配信を続けていますが、ブログやほかのSNSとの連動、配信者とリスナーが一体となっているビジネスモデル、スマホ1台で簡単に配信も編集もできる抜群の操作性、さらに配信した音声の文字起こし機能や各種機能追加・改善などプラットフォームとしての先進性には強い共感と大きな将来の可能性を感じております。こんなに簡単に手軽に「自分のラジオ番組」が持てて、世界中に情報発信ができるというのは、本当に素晴らしいことです。アメリカのポッドキャストはすでに副業レベルから完全に起業しての事業分野に飛躍しており、番組のクオリティとしてもピューリッツァー賞を受賞する水準にまで達しています。日本の音声配信マーケットはそれと比較するとまだまだ黎明期ですが、いくつかの注目すべき音声配信プラットフォームの中で、配信者とリスナーが完全に分離されている「Voicy」よりも、配信者とリスナーが一体になっている「stand.fm」の方が今後大きく伸びていくだろうと私は予測しています。その根拠は、副業レベルから始めているラジオ番組の中で、本当に魅力的な配信コンテンツや配信者が多いと実感しているからです。本書では、第4章の中で2名の配信者を事例として紹介いたしました。

2番目の知見である「資産活用」の技術については、2023年8月に刊行された野尻哲史著『**60代からの資産「使い切り」法**』（**日本経済新聞出版**）から人生を変えるほどのインパクトがある貴重な示唆をいただきました。多くの日本人会社員が副業や起業をするきっかけになったと言われるロバート・キヨサキ著『**金持ち父さん 貧乏父さん**』（**筑摩書房**）、リンダ・グラットン著『**LIFE SHIFT（ライフ・シフト）**』（**東洋経済新報社**）、さらに私が人生設計に新たに取り入れるきっかけになったビル・パーキンス著『**DIE WITH ZERO 人生が豊かになりすぎる究極のルール**』（**ダイヤモンド社**）に匹敵する名著であると思います。私は約40年かけて1万2000冊以上のビジネス書を読破し、そのうちブログには10年間、読んだビジネス書の書評を合計3200冊以上公開してきましたが、それらのビジネス書の中でも間違いなく5本の指に入る名著だと思います。本書ではその深い価値までは十分に紹介しきれませんでしたので、ぜひ本書と併せて、野尻哲史氏の『**60代からの資産「使い切り」法**』をお読みになることをお勧めします。

本書では一貫して、人生を通してずっと長く続けることのできる副業を「**戦略的副業**」と名付けて、みなさんに勧めてきました。これは私自身が実践してきたことでもあり、また現在もこれからも実践していくつもりの内容です。では、ライフワークにまで育てていく副業にどうしたら出会うことができるのか？　最後に、私自身のキャリア形成のポリシーでもある**「プランドハップンスタンス・セオリー」**を紹介します。

これは、スタンフォード大学のクランボルツ教授が提唱する有名なキャリア開発理論ですが、「計画された偶然のキャリア理論」と訳され、次の3つの要点から成っています。

1 ― 個人のキャリアの8割が、偶然の出来事に左右される
2 ― 偶然の出来事を本人が、主体的に活用することでキャリアアップすることができる
3 ― 偶然を意図的に生み出せるように行動することが大切である

要するに、偶然のチャンスはだれにでも平等に訪れるものだけれど、しっかりと準備して行動してきた人だけがそのチャンスをつかみ、キャリアを開発していくことができる、という理論です。将来、ライフワークにできるような「戦略的副業」を見つけ、長く続けていけるライフワークにできるかどうかは、「プランドハップンスタンス」

がその鍵を握っていると言ってもいいでしょう。

末筆になりましたが、この本を世に出すことができたのは、エムディエヌコーポレーションのノンフィクション編集部・加藤有香氏をはじめとする関係者のみなさま、およびインタビュー取材をご快諾いただき、貴重な体験をお話しくださった荒井智代様、神村尚・楽々ご夫妻、森田創様、ここいま様、飛立未鳥様、大谷裕幸様に加えて、貴重なご意見を頂戴しました坂下仁様、金澤美冬様のおかげです。

改めて心からの御礼を申し上げます。ありがとうございました。

参考文献

『定年起業を始めるならこの1冊！定年ひとり起業』大杉潤／自由国民社
『定年後のお金の不安を解消するならこの1冊！定年ひとり起業マネー編』大杉潤／自由国民社
『定年前後の生き方の悩みを解決するならこの1冊！定年ひとり起業 生き方編』大杉潤／自由国民社
『定年後不安 人生100年時代の生き方』大杉潤／角川新書
『銀行員転職マニュアル 大失業時代を生き残る銀行員の「3つの武器」を磨け』大杉潤／きずな出版
『入社3年目までの仕事の悩みに、ビジネス書10000冊から答えを見つけました』大杉潤／キノブックス
『40代からは「稼ぎ口」を2つにしなさい 年収アップと自由が手に入る働き方』坂下仁／ダイヤモンド社
『いますぐ妻を社長にしなさい』坂下仁／サンマーク出版
『とにかく妻を社長にしなさい』坂下仁／サンマーク出版
『おじさんの定年前の準備、定年後のスタート〜今こそプロティアン・ライフキャリ

ア実践！』金澤美冬／総合法令出版
『プロティアン 70歳まで第一線で働き続ける最強のキャリア資本術』
田中研之輔／日経ＢＰ
『60代からの資産「使い切り」法』野尻哲史／日本経済新聞出版
『ＤＩＥ ＷＩＴＨ ＺＥＲＯ 人生が豊かになりすぎる究極のルール』
ビル・パーキンス／ダイヤモンド社
『定年前、しなくていい5つのこと』大江英樹／光文社新書
『なぜ少子化は止められないのか』藤波匠／日経プレミアシリーズ
『年収４４３万円 安すぎる国の絶望的な生活』小林美希／講談社現代新書
『大橋巨泉「第二の人生」これが正解！——人生80年時代「後半生」を楽しく生きるための10の選択』大橋巨泉／小学館
『99・9％は幸せの素人』星渉・前野隆司／ＫＡＤＯＫＡＷＡ
『一生食いっぱぐれない50代から自分を生かす頭のいい副業術』
中山マコト／青春新書インテリジェンス
『１日30分からはじめる はじめてのeBay（第2版）』荒井智代／自由国民社
『さよなら、赤信号』ラッタ／Kindle出版
『１００万人に１人の存在になる方法』藤原和博／ダイヤモンド社
『「成功曲線」を描こう。夢を叶える仕事ヒント』石原明／大和書房
『The Next Hundred Million：America in 2050』ジョエル・コトキン／Penguin Books)
『完全解説 都市型トランクルーム経営』浦川浩貴／幻冬舎

『堅実な資産運用をしたいならこの1冊！ レンタルスペース投資の教科書』坂口康司／自由国民社
『普通の会社員のための超副業力』森 新／CCCメディアハウス
『スキルマッチング型複業（副業）の実践書』大林尚朝／日本能率協会マネジメントセンター
『わたしも家族も笑顔にする幸せキッチン』遠藤早智／自由国民社
『MaaS戦記 伊豆の未来の街を創る』森田創／講談社
『カンタンに売れるのになぜYouTubeをやらないんですか!?』鴨頭嘉人／サンクチュアリ出版
『うつ病予防決定版：家族をうつ病で苦しませないために今家庭でできること』飛立未鳥／Kindle出版
『フリーランス&副業ではたらく！実践ガイド』一般社団法人プロフェッショナル&パラレルキャリア・フリーランス協会（監修）／日本経済新聞出版
『フリーランス実態調査』内閣官房日本経済再生総合事務局／２０２２年
『新版 安売りするな！「価値」を売れ！』藤村正宏／日本経済新聞出版
『やっぱり！「モノ」を売るな！「体験」を売れ！』藤村正宏／実業之日本社
『消齢化社会 年齢による違いが消えていく！生き方、社会、ビジネスの未来予測』博報堂生活総合研究所／集英社インターナショナル新書
『時間とムダの科学』大前研一ほか／プレジデント社
『第4の波 大前流「21世紀型経済理論」』大前研一／小学館
『「見えない資産」が利益を生む：GAFAMも実践する世界基準の知財ミックス』

鈴木健二郎／ポプラ社
『戦略的思考トレーニング 目標実現力が飛躍的にアップする37問』三坂健／PHPビジネス新書
『藁を手に旅に出よう "伝説の人事部長" による「働き方」の教室』荒木博行／文藝春秋
『7つの習慣』スティーヴィン・R・コヴィー／キングベアー出版
『「向いている仕事」を見つけよう』トム・ラス／ダイヤモンド社
『その幸運は偶然ではないんです！』J・D・クランボルツほか／ダイヤモンド社

大杉 潤

Jun Ohsugi

1958年東京都生まれ。フリーの研修講師、経営コンサルタント、ビジネス書作家。

早稲田大学政治経済学部を卒業、日本興業銀行（現みずほフィナンシャルグループ）に22年間勤務したのち東京都に転職して新銀行東京の創業メンバーに。人材関連会社、グローバル製造業の人事・経営企画の責任者を経て、2015年に独立起業。

年間300冊以上のビジネス書を新入社員時代から40年間読み続け、累計1万2000冊以上を読破して、3200冊以上の書評をブログに書いて公開している。

静岡放送SBSラジオ『IPPO』に毎月レギュラー出演のほか、NHK『あしたも晴れ！人生レシピ』、テレビ朝日『スーパーJチャンネル』、文化放送『ロンドンブーツ1号2号田村淳のNEWS Club』に出演。

妻が社長の合同会社ノマド＆ブランディング・チーフコンサルタント、株式会社HRインスティテュート・アライアンスパートナー、星和ビジネスリンク・講師、リ・カレント株式会社・プロフェッショナルパートナー、株式会社カインドウェア顧問。

著書に『定年起業を始めるならこの1冊！定年ひとり起業』（自由国民社）、『定年後のお金の不安を解消するならこの1冊！定年ひとり起業マネー編』（自由国民社）、『定年前後の生き方の悩みを解決するならこの1冊！定年ひとり起業生き方編』（自由国民社）、『定年後不安 人生100年時代の生き方』（角川新書）、『入社3年目までの仕事の悩みに、ビジネス書10000冊から答えを見つけました』（キノブックス）、『銀行員転職マニュアル 大失業時代に生き残る銀行員の「3つの武器」を磨け』（きずな出版）がある。

公式Webサイト　http://jun-ohsugi.com

50代《だい》 お金《かね》の不安《ふあん》がなくなる副業術《ふくぎょうじゅつ》

2023年12月1日　初版第1刷発行

著　者　大杉　潤

発行人　山口康夫

発　行　株式会社エムディエヌコーポレーション
〒101-0051 東京都千代田区神田神保町一丁目105番地
https://books.MdN.co.jp/

発　売　株式会社インプレス
〒101-0051 東京都千代田区神田神保町一丁目105番地

印刷・製本　中央精版印刷株式会社

［カスタマーセンター］
造本には万全を期しておりますが、万一、落丁・乱丁などがございましたら、送料小社負担にてお取り替えいたします。お手数ですが、カスタマーセンターまでご返送ください。

● 落丁・乱丁本などのご返送先　〒101-0051 東京都千代田区神田神保町一丁目105番地
株式会社エムディエヌコーポレーション カスタマーセンター
TEL：03-4334-2915

● 書店・販売店のご注文受付　株式会社インプレス 受注センター
TEL：048-449-8040／FAX：048-449-8041

● 内容に関するお問い合わせ先
株式会社エムディエヌコーポレーション カスタマーセンター メール窓口
info@MdN.co.jp

本書の内容に関するご質問は、Eメールのみの受付となります。メールの件名は「50代 お金の不安がなくなる副業術　質問係」とお書きください。電話やFAX、郵便でのご質問にはお答えできません。ご質問の内容によりましては、しばらくお時間をいただく場合がございます。また、本書の範囲を超えるご質問に関しましてはお答えいたしかねますので、あらかじめご了承ください。

ISBN 978-4-295-20615-6　C0034